教 育 部 重 点 推 荐
新世纪财经系列教科书
李海波工作室

新编财务会计习题与解答

李海波　　刘学华
宋胜菊　　朱翔燕　主编

立信会计出版社

图书在版编目(CIP)数据

新编财务会计习题与解答/李海波等主编. —3 版. —
上海：立信会计出版社,2008.7
（新世纪财经系列教科书）
ISBN 978 - 7 - 5429 - 0617 - 5

Ⅰ.①新… Ⅱ.①李… Ⅲ.①财务会计—解题
Ⅳ.①F234.4 - 44

中国版本图书馆 CIP 数据核字(2008)第 117481 号

责任编辑　　洪梅春
封面设计　　周崇文

新编财务会计习题与解答

出版发行	立信会计出版社			
地　　址	上海市中山西路 2230 号		邮政编码	200235
电　　话	(021)64411389		传　　真	(021)64411325
网　　址	www. lixinaph. com		电子邮箱	lxaph@sh163. net
网上书店	www. shlx. net		电　　话	(021)64411071
经　　销	各地新华书店			

印　　刷	江苏凤凰数码印务有限公司		
开　　本	890 毫米×1240 毫米	1/32	
印　　张	9.125		
字　　数	243 千字		
版　　次	2008 年 7 月第 3 版		
印　　次	2018 年 8 月第 25 次		
书　　号	ISBN 978 - 7 - 5429 - 0617 - 5/F		
定　　价	18.00 元		

如有印订差错,请与本社联系调换

编 写 说 明

　　《新编财务会计习题与解答》系《新编财务会计(第五版)》一书的配套辅助教学用书,可作为各类院校教学、岗位培训、自学进修、业务学习的辅助用书。

　　本书被国家教育部列为重点推荐教科书。

　　为了加深读者对"财务会计"课程的理解,提高分析和思考能力,增强实务操作技能,本习题与解答按照教材和教学大纲的要求,结合实际工作的需要,十分注意正确性、及时性、实用性和操作性。本习题与解答由李海波、刘学华、宋胜菊、张翠琼、陈锦骅、王凯、张笑林、蒋祖珍、朱翔燕等同志编写。

　　全书内容丰富,题型多样,包括:单项选择题、多项选择题、判断题、计算分析题、综合题等,并附有参考答案,以更好地满足教学和业务学习的需要,提高广大读者实际工作的能力。若有错误和不当之处,恳请批评指正。

《新编财务会计习题与解答》编委会

目　　录

第一章　财务会计概述

一、单项选择题

1. 根据特定的经济业务对经济决策的影响大小,来选择合适的会计方法和程序,能够使提供信息收益大于成本,体现的原则是(　　)。

    A. 可比性　　　　　　　　　B. 实质重于形式

    C. 重要性　　　　　　　　　D. 可理解性

2. 企业有权利将所有权尚未转移但能实际控制、支配的资源确认为资产,所依据的会计原则是(　　)。

    A. 实质重于形式　　　　　　B. 重要性

    C. 谨慎性　　　　　　　　　D. 相关性

3. 下列事项中,体现可比性原则要求的是(　　)。

    A. 发出存货的计价方法一经确定,不得随意改变,确有需要改变的在财务报告中说明

    B. 对赊销的商品,出于对方财务状况恶化的原因,没有确认收入

    C. 对资产发生减值的,相应计提减值准备

    D. 对有的资产采用公允价值计量

4. 下列各项中,对会计基本假设的表述恰当的是(　　)。

    A. 持续经营和会计分期确定了会计核算的空间范围

    B. 一个会计主体必然是一个法律主体

    C. 货币计量为确认、计量和报告提供了必要的手段

    D. 会计主体确立了会计核算的时间范围

5. 下列各项中,确定会计核算空间范围的基本前提是( )。

    A. 持续经营　　　　　　　B. 会计主体

    C. 货币计量　　　　　　　D. 会计分期

6. 下列各项中,企业计提固定资产折旧的首要假设前提是( )。

    A. 会计主体　　　　　　　B. 持续经营

    C. 会计分期　　　　　　　D. 货币计量

7. 销售收入应计入销售期间的利润表,这体现的会计核算基本前提是( )。

    A. 持续经营　　　　　　　B. 会计主体

    C. 货币计量　　　　　　　D. 会计分期

8. 下列各项中,符合资产会计要素定义的是( )。

    A. 计划购买的原材料　　　B. 待处理财产损失

    C. 委托加工物资　　　　　D. 预收款项

9. 强调某一企业各期提供的会计信息应当采用一致的会计政策,不得随意变更的会计核算质量要求的是( )。

    A. 可靠性　　　　　　　　B. 相关性

    C. 可比性　　　　　　　　D. 可理解性

10. 企业提供的会计信息应有助于财务会计报告使用者对企业过去、现在或者未来的情况作出评价或者预测,这体现了会计核算质量要求的是( )。

    A. 相关性　　　　　　　　B. 可靠性

    C. 可理解性　　　　　　　D. 可比性

11. 下列各项中,企业对会计要素进行计量一般采用的计量属性是( )。

    A. 历史成本　　　　　　　B. 公允价值

    C. 重置成本　　　　　　　D. 可变现净值

12. 下列各项中,小企业的会计报表可以不包括( )。

A. 现金流量表　　　　　　B. 资产负债表

C. 利润表　　　　　　　　D. 所有者权益变动表

13. 下列各项中,售后回购的会计处理体现了(　　)。

　　A. 谨慎性原则　　　　　B. 重要性原则

　　C. 实质重于形式原则　　D. 可比性原则

14. 下列各项中,违背会计核算可比性原则的是(　　)。

　　A. 鉴于当期现金状况不佳,将原来采用的现金股利分配政策改为分配股票股利

　　B. 根据国家统一的会计制度的要求,从本期开始对长期股权投资提取减值准备

　　C. 鉴于本期经营状况不佳,将固定资产折旧方法由年数总和法改为直线法

　　D. 上期提取甲股票投资跌价损失准备 500 元,鉴于股市行情下跌,本期提取 1 000 元

15. 下列各项中,不符合资产会计要素定义的是(　　)。

　　A. 委托代销商品　　　　B. 委托加工物资

　　C. 待处理财产损失　　　D. 尚待加工的半成品

二、多项选择题

1. 下列各项中,属于财务报表构成的有(　　)。

　　A. 资产负债表　　　　　B. 利润表

　　C. 销售预算　　　　　　D. 现金流量表

2. 下列各项中,属于财务报告使用者的有(　　)。

　　A. 投资者　　　　　　　B. 政府

　　C. 社会公众　　　　　　D. 债权人

3. 在有不确定因素情况下作出合理判断时,下列事项符合谨慎性会计信息质量要求的有(　　)。

　　A. 设置秘密准备,以备在利润完成不佳的年度转回

B. 不要高估资产和预计收益

C. 合理估计可能发生的损失和费用

D. 尽可能低估负债和费用

4. 甲公司 2008 年 3 月销售商品一批,增值税发票已经开出,商品已经发出,并办妥托收手续,但此时得知对方企业在一次交易中发生重大损失,财务发生困难,短期内不能支付货款,为此,甲公司本月未确认收入,这是根据(   )会计核算质量要求。

A. 实质重于形式
B. 重要性

C. 谨慎性
D. 相关性

5. 下列项目中,不应作为负债确认的有(   )。

A. 因购买货物而暂欠外单位的货款

B. 按照购货合同约定以赊购方式购进货物的货款

C. 计划向银行借款 10 万元

D. 因经济纠纷导致的法院尚未判决且金额无法合理估计的赔偿

6. 下列各项中,关于会计要素的确认说法中,正确的有(   )。

A. 会计要素确认的条件之一是与该项目有关的经济利益很可能流入或流出企业

B. 如果公司所售的商品符合合同要求,没有其他例外情况发生,公司能够在未来某一时点完全收回款项,则表明该项应收账款所包含的经济利益很可能流入企业

C. 若某项目有关的经济利益能够可靠地计量,则意味着该项目不需要进行估计

D. 企业自创的商誉不应作为无形资产核算

7. 下列各项中,可以作为一个会计主体进行核算的有(   )。

A. 独资企业

B. 独立核算的销售部门

C. 子公司

D. 母公司及其子公司组成的企业集团

8. 下列各项中,确认资产要素应满足的条件有( )。

A. 符合资产要素定义

B. 经济利益很可能流入企业

C. 成本或者价值能够可靠地计量

D. 符合历史成本原则

9. 下列各项中,企业收入的实现可能导致( )。

A. 资产增加　　　　　　B. 费用增加

C. 负债减少　　　　　　D. 所有者权益增加

10. 下列各项中,会计处理违背会计信息质量可比性要求的有( )。

A. 因设备租赁形式由经营租赁改为融资租赁而修正相应的会计核算方法

B. 企业为了调节利润多计提资产减值准备

C. 企业为了完成利润计划,将收入确认的方法由完工百分比法改为完成合同法

D. 企业为了避免 3 年连亏,将固定资产折旧方法由原来的直线法改为年数总和法

11. 下列会计处理中,符合会计信息质量谨慎性要求的有( )。

A. 坏账核算采用备抵法

B. 对存货发出的计价采用先进先出法

C. 对固定资产折旧采用年数总和法

D. 对长期股权投资采用权益法

12. 下列各项中,所有者权益的来源包括( )。

A. 所有者投入的资本

B. 直接计入所有者权益的利得

C. 直接计入所有者权益的损失

D. 留存收益

13. 下列各项中,可以作为资产要素特征的有(　　)。

　　A. 必须是过去的交易或事项所产生的

　　B. 必须是以实物形式存在的

　　C. 必须是企业拥有或实际控制的

　　D. 必须是经济资源并能以货币进行可靠地计量

14. 下列项目中,能同时引起资产和利润减少的项目有(　　)。

　　A. 计提发行债券的利息　　　　B. 计提固定资产折旧

　　C. 存货发生盘盈　　　　　　　D. 无形资产价值摊销

15. 下列项目中,属于费用要素内容的有(　　)。

　　A. 主营业务成本　　　　　　　B. 其他业务成本

　　C. 营业外支出　　　　　　　　D. 利润分配支出

16. 下列项目中,构成营业利润的有(　　)。

　　A. 投资收益　　　　　　　　　B. 营业外收入

　　C. 主营业务收入　　　　　　　D. 其他业务收入

17. 下列表述中,符合会计信息质量要求的有(　　)。

　　A. 会计核算方法一经确定不得随意变更

　　B. 会计核算应当及时进行,不得提前或延后

　　C. 会计核算应当仅反映交易或事项的法律形式

　　D. 会计核算应当以实际发生的交易或事项为依据

三、判断题

1. 在我国会计实务中,企业会计要素的计量属性仅有历史成本。　　　　　　　　　　　　　　　　　　　　　　　　(　　)

2. 企业在一定期间发生亏损,则企业在这一会计期间的所有者权益一定减少。　　　　　　　　　　　　　　　　　　　　(　　)

3. 利润是企业在日常活动中取得的经营成果,因此它不应包括企业在偶发事件中产生的利得和损失。　　　　　　　　　　　　(　　)

4. 在企业负债金额既定的情况下,企业本期净资产的增减额就是

企业当期的利润额或发生的亏损额。　　　　　　　（　　）

　　5. 符合资产定义的项目,应当列入资产负债表。　（　　）

　　6. 企业只有对其拥有所有权的资源才能作为资产予以确认,所以租赁期内的融资租入固定资产,由于承租人没有所有权,故不作为固定资产核算,只需在备查账簿中登记。　　　　　　（　　）

　　7. 会计报表又称财务报表,它们包括的内容相同。　（　　）

　　8. 企业中期财务会计报告就是半年度财务会计报告。　（　　）

　　9. 企业会计核算的可比性原则要求同一会计主体在不同时期尽可能采用相同的会计程序和会计处理方法,以便于不同会计时期会计信息的纵向比较。　　　　　　　　　　（　　）

　　10. 根据会计信息质量的可比性要求,某一会计主体前后期使用的会计处理方法必须一致,不得更改。　　　　（　　）

参 考 答 案

一、单项选择题

　　1. C　2. A　3. A　4. C　5. B　6. B　7. D　8. C　9. C
10. A　11. A　12. A　13. C　14. C　15. C

二、多项选择题

　　1. ABD　2. ABCD　3. BC　4. AC　5. CD　6. ABD　7. ABCD
8. ABC　9. ACD　10. BCD　11. AC　12. ABCD　13. ACD　14. BD
15. AB　16. ACD　17. ABD

三、判断题

　　1. ×　2. ×　3. ×　4. ×　5. ×　6. ×　7. ×　8. ×　9. ×
10. ×

第二章 货币资金

一、单项选择题

1. 企业发现现金短缺属于无法查明的其他原因,按照管理权限经批准处理时,应在( )账户核算。

    A. "其他应收款"   B. "营业外支出"

    C. "管理费用"   D. "财务费用"

2. 企业的工资、奖金等现金的支取,可以通过( )办理。

    A. 基本存款账户   B. 一般存款账户

    C. 临时存款账户   D. 专用存款账户

3. 下列各项中,不通过其他货币资金账户核算的是( )。

    A. 外埠存款   B. 存出投资款

    C. 备用金   D. 信用卡存款

4. 属于无法查明原因的现金溢余,经批准后应转入的是( )账户。

    A. "其他业务收入"   B. 冲减"管理费用"

    C. 营业外收入   D. 冲减"营业外支出"

5. 企业将款项汇往外地开立采购专用账户时,应借记的会计账户是( )。

    A. "材料采购"   B. "其他货币资金"

    C. "预付账款"   D. "在途物资"

6. 下列经济业务中,不能用现金支付的是( )。

    A. 支付材料采购货款 1 200 元

B. 支付零星办公用品购置费 600 元

C. 支付离退休人员工资 3 000 元

D. 支付职工差旅费 2 000 元

7. 银行存款日记账余额 2 000 元,经与银行对账单核对,有银行代收票据款 400 元及银行手续费 6 元未入账,另外,企业所开现金支票 50 元尚未兑现,则企业实有的银行存款余额为( )元。

A. 1 000　　　　　　　　　　B. 2 394

C. 1 303　　　　　　　　　　D. 1 347

8. 现金日记账由( )根据收付款凭证,按照业务发生顺序逐笔登记。

A. 会计人员　　　　　　　　B. 出纳人员

C. 会计主管　　　　　　　　D. 会计机构负责人

9. 现金清查过程中发现的尚待查明原因的现金短缺或溢余,应先通过( )账户核算。

A. "管理费用"　　　　　　　B. "营业外收入"

C. "待处理财产损溢"　　　D. "其他应收款"

10. 凡在中国境内金融机构开立( )的单位可申领单位卡。

A. 存款账户　　　　　　　　B. 基本存款账户

C. 临时存款账户　　　　　　D. 一般存款账户

11. 某企业实行定额备用金制度,其基本生产车间报销由备用金支付的日常管理支出时,应贷记( )账户。

A. "库存现金"　　　　　　　B. "制造费用"

C. "其他应收款"　　　　　　D. "管理费用"

12. 下列各项中,属于其他货币资金的有( )。

A. 支票　　　　　　　　　　B. 存出投资款

C. 存出保证金　　　　　　　D. 商业汇票

13. 为了做到现金账账相符,要求出纳人员( )。

A. 每次办理完收付款业务,"现金日记账"的余额应当与"库存

现金"总账的余额核对

B. 每日终了,"现金日记账"的余额应当与"库存现金"总账的余额核对

C. 月度终了结出账面余额,并将账面余额与库存现金数核对

D. 月度终了,"现金日记账"的余额应当与"库存现金"总账的余额核对

14. 企业向内部管理部门拨出的备用金应通过( )账户核算。

    A. "库存现金"   B. "备用金"

    C. "预付账款"   D. "其他应付款"

二、多项选择题

1. 下列项目中,属于货币资金管理和控制应当遵循的原则有( )。

    A. 严格职责分工

    B. 实施定期轮岗

    C. 实施内部稽核

    D. 现金收付要有合法的原始凭证

2. 下列项目中,符合企业银行存款开户有关规定的是( )。

    A. 一般存款账户可以办理工资、奖金等现金的支取

    B. 一般存款账户可以办理转账结算和现金缴存,但不能办理现金支取

    C. 一个企业只能选择一家银行的一个营业机构开立一个基本存款账户

    D. 不得在同一家银行的几个分支机构开立一般存款账户

3. 下列项目中,不通过"其他货币资金"账户核算的有( )。

    A. 银行本票存款

    B. 不能提前支取的定期存款

    C. 信用证保证金存款

D. 外币贷款抵押存款

4. 下列业务中,可以通过现金支付的有( )。

    A. 大额商品交易价款

    B. 向个人收购农副产品的价款

    C. 福利费用

    D. 出差人员随身携带的差旅费

5. 下列结算方式中,适用于异地结算的有( )。

    A. 银行汇票   B. 银行本票

    C. 商业汇票   D. 汇兑

6. 现金清查过程中发现的尚待查明原因的现金溢余,在按管理权限报经批准后,根据处理结果可以贷记( )账户。

    A. "待处理财产损溢"   B. "管理费用"

    C. "营业外收入"   D. "其他应付款"

7. 企业向银行申请开立信用证,应按规定向银行提交( )。

    A. 开证申请书   B. 购销合同

    C. 购货发票   D. 信用证申请人承诺书

8. 申请人因银行本票超过提示付款期限要求出票银行退款的,出票银行对于( ),才能退付现金。

    A. 在本行开立存款账户的非现金银行本票的申请人

    B. 现金银行本票的申请人

    C. 未到本行开立存款账户的非现金银行本票的申请人

    D. 未到本行开立存款账户的现金银行本票的申请人

9. 下列各项中,关于单位卡的各项描述中,正确的有( )。

    A. 单位一个账户的资金一律从其基本存款账户转账存入,不得交存现金

    B. 不得将销货收入的款项直接存入单位卡账户

    C. 单位卡不得用于 100 万元以上的商品交易、劳务供应款项的结算

D. 单位卡不得支取现金

10. 下列各项中,属于其他货币资金的有( )。

A. 银行本票存款　　　　　B. 银行汇票存款

C. 外埠存款　　　　　　　D. 存出投资款

11. 在进行现金核算时,应做到( )。

A. 每次办理完收付款业务应当及时结出账面余额

B. 每日终了时才结出现金结余数

C. 每日终了,将账面余额与库存现金数核对

D. 月份终了,"现金日记账"的余额应当与"库存现金"总账的余额核对

12. 下列各项中,属于现金使用范围的有( )。

A. 职工工资

B. 个人劳务报酬

C. 出差人员必须随身携带的差旅费

D. 购买价值200元的办公用品

13. 下列各项账户中,需要经中国人民银行核准后由开户银行核发开户登记证的有( )。

A. 一般存款账户

B. 预算单位因管理和使用财政预算外资金而开立的账户

C. 因设立临时机构而开立的临时存款账户

D. 因注册验资而开立的临时存款账户

14. 下列各项中,关于外埠存款的描述中,正确的有( )。

A. 不计利息　　　　　　　B. 只付不收

C. 付完清户　　　　　　　D. 采购员可从中提取少量现金

三、判断题

1. 企业银行存款日记账与银行对账单应至少每月核对一次,银行存款日记账与银行对账单余额如有差额,应按月编制"银行存款余额调

节表",同时企业应按未达账项入账。   （   ）

2. 企业应由出纳人员兼任收入总账和明细账的登记工作。

3. 企业对于因未达账项使双方账面余额出现不一致的情况,无须作账面调整,待结算凭证到达后再进行账务处理。   （   ）

4. 企业从银行提取现金,不会影响资产负债表中货币资金项目的变动。   （   ）

5. 需要增加或减少现金限额的单位,应向开户银行提出申请,由开户银行核定。   （   ）

6. 企业应当设置现金日记账,进行企业库存现金的明细分类核算。   （   ）

7. 企业库存现金总账应当由出纳人员根据收付款凭证,按照业务发生顺序逐笔登记。   （   ）

8. 凡在中国境内金融机构开立存款账户的单位可申领单位卡。   （   ）

9. 因特殊情况需要坐支现金的单位,应事先报经有关部门审查批准,并在核定的范围和限额内进行,其收支的现金可不入账。 （   ）

10. 企业银行存款余额调节表可作为调整银行存款账面余额的原始凭证。   （   ）

11. 开户单位支付现金不得从本单位的现金收入中直接支付。（   ）

12. 企业的一般存款账户可办理转账结算和现金收付。   （   ）

四、业务题

大华公司 2008 年 5 月发生如下经济业务:

(1) 1 日,开出现金支票一张,向银行提取现金 1 600 元。

(2) 职工张明出差,借支差旅费 2 000 元,以现金支票支付。

(3) 3 日,收到客户 A 公司交来的转账支票一张,金额 20 000 元,用以归还上月所欠货款,支票已送交银行。

(4) 5 日,向供应商 B 公司采购甲材料,收到的增值税专用发票上列明价款200 000元,增值税额34 000元,企业采用汇兑结算方式将款项234 000元付给B公司,甲材料已验收入库(原材料计价采用实际成本法)。

(5)8日,职工张明出差回来报销差旅费,原借支2 000元,实报销2 200元,差额200元用现金补付。

(6)12日,公司向银行申请开出银行汇票48 000元,有关手续已办妥,采购员刘强持汇票到外地某市采购材料。

(7)15日,刘强在某市采购结束,增值税专用发票上列明的材料价款为40 000元,增值税额6 800元,货款共46 800元。公司已用银行汇票支付48 000元,多出差额1 200元立即采用汇兑结算方式汇回,材料已验收入库。

(8)20日,公司委托银行开出银行本票40 000元,有关手续已办妥。

(9)24日,公司购买办公用品6 000元,用信用卡付款。收到银行转来的信用卡存款的付款凭证及所附账单,经审核无误。

(10)30日,企业在现金清查中发现现金短缺50元,原因待查。

(11)31日,上述短款原因已查明,是出纳员刘兰工作失职造成,决定从刘兰的工资中扣款50元以作赔偿。

要求:根据以上经济业务编制会计分录。

参 考 答 案

一、单项选择题

1. C 2. A 3. C 4. C 5. B 6. A 7. B 8. B 9. C 10. B
11. A 12. B 13. B 14. B

二、多项选择题

1. ABCD 2. BCD 3. BD 4. BCD 5. ACD 6. CD 7. ABD

8. BCD 9. ABD 10. ABCD 11. ACD 12. ABCD 13. BC
14. ABCD

三、判断题

1. × 2. × 3. √ 4. √ 5. √ 6. √ 7. × 8. × 9. ×
10. × 11. √ 13. ×

四、业务题

（1）借：库存现金		1 600
贷：银行存款		1 600
（2）借：其他应收款——张明		2 000
贷：银行存款		2 000
（3）借：银行存款		20 000
贷：应收账款——A公司		20 000
（4）借：原材料		200 000
应交税费——应交增值税（进项税额）		34 000
贷：银行存款		234 000
（5）借：管理费用		2 200
贷：其他应收款——张明		2 000
库存现金		200
（6）借：其他货币资金——银行汇票		48 000
贷：银行存款		48 000
（7）借：原材料		40 000
应交税费——应交增值税（进项税额）		6 800
银行存款		1 200
贷：其他货币资金——银行汇票		48 000
（8）借：其他货币资金——银行本票		40 000
贷：银行存款		40 000

（9）借：管理费用   6 000

         贷：其他货币资金——信用卡存款   6 000

（10）借：待处理财产损溢   50

         贷：库存现金   50

（11）借：其他应收款——刘兰   50

         贷：待处理财产损溢   50

第三章 金融资产

一、单项选择题

1. 企业交易性金融资产应当以公允价值进行后续计量,公允价值变动记入( )账户。
  A. "营业外支出" B. "投资收益"
  C. "公允价值变动损益" D. "资本公积"

2. 企业可供出售金融资产以公允价值进行后续计量。公允价值变动形成的利得或损失,一般应当直接记入( )账户。
  A. "营业外支出" B. "投资收益"
  C. "公允价值变动损益" D. "资本公积"

3. 企业可供出售金融资产应当以公允价值进行后续计量,公允价值变动形成的利得或损失计入所有者权益,在该金融资产终止确认时转出记入( )账户。
  A. "财务费用" B. "投资收益"
  C. "公允价值变动损益" D. "资本公积"

4. 企业处置金融资产时,金融资产公允价值与( )之间的差额应当确认为投资收益,同时调整公允价值变动损益。
  A. 初始入账金额 B. 面值
  C. 账面价值 D. 买价

5. 企业持有至到期投资、贷款和应收款项等金融资产发生减值时,应当将金融资产的账面价值减记至( ),减记的金额确认为资产减值损失,计入当期损益。

A. 可变现净值   B. 预计未来现金流量现值

C. 公允价值   D. 可收回金额

6. 企业持有金融资产期间取得的现金股利,应当在现金股利宣告发放日确认并记入( )账户。

     A. "交易性金融资产"   B. "投资收益"

     C. "公允价值变动损益"   D. "资本公积"

7. 企业持有至到期投资以( )进行后续计量。

     A. 历史成本   B. 成本与市价孰低

     C. 摊余成本   D. 现值

8. 企业取得交易性金融资产支付的价款中包含已宣告但尚未发放的现金股利应当记入( )账户。

     A. "交易性金融资产"   B. "应收股利"

     C. "公允价值变动损益"   D. "资本公积"

9. 企业持有至到期投资在持有期间应当按照( )计算确认利息收入,计入投资收益。

     A. 实际利率   B. 票面利率

     C. 市场利率   D. 合同利率

10. 企业有客观证据表明某项应收款项发生减值的,应当将该应收款项的账面价值减记至( ),减记的金额确认减值损失,计提坏账准备。

     A. 可收回金额   B. 可变现净值

     C. 预计未来现金流量现值   D. 预计未来现金流量

11. 下列各项中,不属于交易性金融资产的是( )。

     A. 企业以赚取差价为目的从一级市场购入的股票

     B. 企业对联营企业的权益性投资

     C. 企业以赚取差价为目的从二级市场购入的认股权证

     D. 企业以赚取差价为目的从二级市场购入的开放式基金

12. 下列各项中,不包括在应收账款入账价值的项目是( )。

　　A. 增值税　　　　　　　　B. 代购货方垫付的包装费

　　C. 商业折扣　　　　　　　D. 现金折扣

13. 宏达企业以现金在二级市场购入股票 1 万股,每股市价 20 元,其中含 0.2 元/股的已宣告但尚未领取的现金股利,另支付印花税 6 000 元,佣金 2 000 元,购入的股票作为交易性金融资产。该项交易性金融资产的初始确认金额为( )万元。

　　A. 20　　　　　　　　　　B. 20.8

　　C. 20.6　　　　　　　　　D. 19.8

14. 企业出售作为交易性金融资产的债券时,应当将该债券( )确认为当期投资收益,同时调整公允价值变动损益。

　　A. 出售时的公允价值与其账面余额之间的差额

　　B. 出售时的公允价值与其初始入账金额之间的差额

　　C. 出售时的账面余额与其初始入账金额之间的差额

　　D. 出售时的公允价值与其累计发生的公允价值变动损益之间的差额

15. 红星企业于 2007 年 5 月 18 日以赚取差价为目的从二级市场购入某公司股票 10 万股,买价 3.2 元/股,购买价款中包含已宣告但尚未发放的现金股利 0.2 元/股,另支付给券商的佣金 600 元,印花税 320 元,过户费 100 元。当年 12 月 31 日,该股票的公允价值 29 万元。2008 年 4 月 20 日以 2.6 元/股的价格将其全部出售。出售时,支付给券商的佣金 500 元,印花税 260 元,过户费 100 元。试计算该股票出售时应确认的投资收益是( )万元。

　　A. 3.984　　　　　　　　B. 3.086

　　C. 4.086　　　　　　　　D. 4

16. 胜利企业于 2007 年 12 月 1 日以赚取差价为目的从二级市场购入某公司债券 1 万张,买价 102 元/张,该债券于当年 4 月 30 日发行,票面金额 100 元/张,票面利率 6%,期限 3 年,每年的 10 月 31 日和 4 月 30 日支付利息。购买时另支付相关的交易费用 600 元,第一期利息因故尚未领取。当年 12 月 31 日,该债券的公允价值 101 万元。2008 年 1 月 31 日以 102.5 元/张的价格将其全部出售,出售时,支付相关交易费用 650 元,出售时不存在已到付息期但尚未领取的利息。试计算该债券出售时应确认的投资收益是(　　)元。

    A. 14 350　　　　　　　　B. 34 350

    C. 39 350　　　　　　　　D. 33 750

17. 大华企业于 2007 年 8 月 1 日以赚取差价为目的从二级市场购入某公司债券 1 万张,买价 103 元/张,该债券于当年 1 月 1 日发行,票面金额 100 元/张,票面利率 6%,期限 3 年,到期一次还本付息。购买时另支付相关的交易费用 500 元。当年 12 月 31 日,该债券的公允价值 102.5 元/张。2008 年 1 月 31 日以 104 元/张的价格将其全部出售,并支付相关交易费用 600 元。试计算该债券出售时应确认的投资收益是(　　)元。

    A. 9 400　　　　　　　　B. 8 900

    C. −25 600　　　　　　　D. 14 400

18. 企业以赚取差价为目的从二级市场购入的分期付息、到期还本的债券投资,在持有期间应于(　　)计算利息,并确认为应收项目,同时计入当期投资收益。

    A. 资产负债表日按票面利率

    B. 资产负债表日按实际利率

    C. 付息日按票面利率

    D. 付息日按实际利率

19. 企业作为交易性金融资产持有的股票投资,在持有期间对于被投资单位宣告发放的现金股利,应当(　　)。

    A. 确认为应收股利,并冲减交易性金融资产的初始确认金额

    B. 确认为应收股利,并计入当期投资收益

    C. 增加交易性金融资产的成本,并计入当期投资收益

    D. 增加交易性金融资产的成本,并确认为公允价值变动损益

20. 企业应收票据的入账金额为其(　　)。

A. 未来现金流量的现值　　B. 票面金额与利息之和

C. 票面金额　　　　　　　D. 公允价值

二、多项选择题

1. 下列各项中,关于金融资产的初始计量中交易费用处理的叙述正确的有(　　)。

　　A. 交易性金融资产发生的相关交易费用直接计入当期损益

　　B. 可供出售金融资产发生的相关交易费用应当计入初始确认金额

　　C. 持有至到期投资发生的相关交易费用应当计入初始确认金额

　　D. 交易性金融资产发生的相关交易费用应当计入初始确认金额

2. 下列项目中,不属于持有至到期投资的有(　　)。

　　A. 权益工具投资

　　B. 期限不确定的金融资产

　　C. 发行方可以按照明显低于其摊余成本的金额清偿的金融资产

　　D. 发行方行使赎回权可以赎回的债务工具

3. 下列项目中,金融资产应当以公允价值进行后续计量的有(　　)。

　　A. 交易性金融资产

　　B. 持有至到期投资

　　C. 可供出售金融资产

　　D. 直接指定为以公允价值计量且其变动计入当期损益的金融资产

4. 下列项目中,交易费用包括(　　)。

　　A. 支付给代理机构手续费　　B. 支付给券商等的佣金

C. 支付给咨询公司手续费　　D. 债券溢价

5. 金融资产的摊余成本是指该金融资产的初始确认金额经下列（　　）调整后的结果。

A. 扣除已收回的本金

B. 减去采用实际利率法将该初始确认金额大于到期日金额之间的差额进行摊销形成的累计摊销额

C. 扣除已发生的减值损失公允价值

D. 加上采用实际利率法将该初始确认金额小于到期日金额之间的差额进行摊销形成的累计摊销额

6. 下列各项目中,金融资产应当以摊余成本进行后续计量的有（　　）。

A. 交易性金融资产　　　　B. 持有至到期投资

C. 可供出售金融资产　　　D. 贷款和应收账款

7. 下列各项中,以公允价值计量且其变动计入当期损益的金融资产包括（　　）。

A. 交易性金融资产

B. 直接指定为以公允价值计量且其变动计入当期损益的金融资产

C. 持有至到期投资　　　　D. 可供出售金融资产

8. 下列项目中,属于交易性金融资产的有（　　）。

A. 以赚取差价为目的从二级市场购入的股票

B. 以赚取差价为目的从二级市场购入的债券

C. 以赚取差价为目的从二级市场购入的基金

D. 不作为有效套期工具的衍生工具

9. 下列各项目中,关于金融资产之间重分类的叙述正确的有（　　）。

A. 交易性金融资产可以重分类为可供出售金融资产

B. 交易性金融资产可以重分类为持有至到期投资

C. 持有至到期投资可以重分类为可供出售金融资产

D. 可供出售金融资产可以重分类为持有至到期投资

10. 下列各项中,属于交易性金融资产的有( )。

A. 企业持有的对被投资单位不具有控制、共同控制或重大影响且在活跃市场没有报价、公允价值不能可靠计量的权益性投资

B. 企业对合营企业的权益性投资

C. 企业以赚取差价为目的从一级市场购入的 3 年期到期一次还本付息的债券

D. 企业以赚取差价为目的从二级市场购入的基金

11. 资产负债表日,交易性金融资产公允价值超过其账面余额的差额应( )。

A. 借记"交易性金融资产(公允价值变动)"账户

B. 贷记"交易性金融资产(公允价值变动)"账户

C. 借记"公允价值变动损益"账户

D. 贷记"公允价值变动损益"账户

12. 下列各项中,应按应收票据的票面金额进行会计处理的有( )。

A. 因提供劳务而收到开出、承兑的商业汇票

B. 应收票据到期收回予以结转

C. 应收商业承兑汇票到期,付款人违约拒付予以结转

D. 将持有的应收票据背书转让以取得所需物资时予以结转

三、判断题

1. 企业可供出售金融资产发生减值后,利息收入应当按照票面利率计算确认。　　　　　　　　　　　　　　　　　( )

2. 企业应当在资产负债表日对金融资产的账面价值进行检查,有客观证据表明该金融资产发生减值的,应当计提减值准备。　( )

3. 如果某债务工具投资在活跃市场上没有报价，企业也可以将其划分为持有至到期投资。 （ ）

4. 企业取得金融资产支付的价款中包含已宣告但尚未发放的现金股利或已到付息期但尚未领取的债券利息，应当构成金融资产的初始入账金额。 （ ）

5. 企业持有至到期投资在持有期间应当按照摊余成本和票面利率计算确认利息收入。 （ ）

6. 企业单独测试未发现减值的金融资产（包括单项金额重大和不重大的金融资产），说明未发生减值。 （ ）

7. 企业对持有至到期投资、贷款和应收款项等金融资产的减值损失一经确认，不得转回。 （ ）

8. 企业对于已确认减值损失的可供出售权益工具，在随后的会计期间公允价值已上升且客观上与原减值损失确认后发生的事项有关的，原确认的减值损失应当予以转回，计入当期损益。 （ ）

9. 企业持有至到期投资重分类为可供出售金融资产，重分类日，该投资的账面价值与公允价值之间的差额记入"公允价值变动损益"账户。 （ ）

10. 企业所持证券投资基金或类似基金可以划分为贷款和应收款项。 （ ）

四、计算分析题

1. 甲企业于 2007 年 1 月 1 日购入 200 万股面值 1 元股票，甲企业将其划分为交易性金融资产。取得时实际支付价款 210 万元（含已宣告发放的股息 10 万元），另外支付交易费用 2 万元。2007 年 1 月 6日，收到最初支付价款中所含股息 10 万元。2007 年 12 月 31 日，股票公允价值为 224 万元。2008 年 1 月 6 日，收到 2007 年股息 6 万元。2008 年 6 月 6 日，将该股票处置，售价 240 万元，不考虑相关税费。

要求：根据上述资料，作出交易性金融资产的相关会计处理（单位：

万元)。

2. 宏大公司 2007 年、2008 年有关应收账款的交易或事项如下：

(1) 2007 年 12 月 31 日，计提坏账准备前，宏大公司"坏账准备"账户的贷方余额 140 万元。

(2) 2007 年 12 月 31 日，宏大公司对 B 公司的应收账款 240 万元，对 C 公司的应收账款 200 万元，对 D 公司应收账款 300 万元，对其他各公司的应收账款合计 260 万元。宏大公司对 B、C、D 公司的应收账款金额比较重大，分别进行减值测试，其他各公司的应收账款合并为一组进行减值测试。根据测试结果，宏大公司对 B、C、D 公司的应收账款应分别按 5%、10% 和 20% 的比例计提坏账准备。对其他各公司的应收账款按 6% 的比例计提坏账准备。

(3) 2008 年 4 月 10 日，B 公司因发生重大火灾，B 公司无法继续经营被迫宣告破产。宏大公司除通过银行向 B 公司收回 60 万元外，其余应收账款经批准作为坏账予以转销。

(4) 2008 年 8 月 21 日，2006 年已经转销的对 F 公司的应收账款 30 万元因 F 公司生产经营状况好转又通过银行收回。

(5) 2008 年 12 月 31 日，宏大公司对 C 公司的应收账款 160 万元，对 D 公司应收账款 220 万元，对其他各公司的应收账款合计 200 万元。宏大公司对 C、D 公司的应收账款金额比较重大，分别进行减值测试，其他各公司的应收账款合并为一组进行减值测试。根据测试结果，宏大公司对 C、D 公司的应收账款应分别按 5%、10% 的比例计提坏账准备。对其他各公司的应收账款按 8% 的比例计提坏账准备。

要求(单位：万元)：

(1) 计算 2007 年年末宏大公司当期应计提的坏账准备，并编制计提或冲回坏账准备的会计分录。

(2) 编制 2008 年 4 月 10 日收回应收账款和确认坏账损失的会计分录。

(3) 编制 2008 年 8 月 21 日收回已作为坏账转销的应收账款的会

计分录。

(4) 计算 2008 年年末计提坏账准备前"坏账准备"账户的余额以及当期应计提的坏账准备,并编制计提或冲回坏账准备的会计分录。

3. 2004 年年初,天虹公司购买了一项债券,剩余年限 5 年,划分为持有至到期投资,公允价值为 90 万元,交易费用为 5 万元,该债券面值为 100 万元,票面利率为 4%,每年末付息,到期还本,经测算,该债券投资的内含报酬率为 5.16%。

请根据上述资料完成如下要求(单位:万元):

(1) 作出天虹公司购入债券时、计提利息收益时和到期时的会计处理。

(2) 假如天虹公司于 2006 年 1 月 1 日得知乙公司将于 2006 年末收回本金的 50%,剩余的 50%在 2008 年年末收回,则作出天虹公司相应的会计处理。

(3) 如果上述债券改为到期一次还本付息,其他条件不变,请作出天虹公司相应的会计处理。

4. 2006 年 1 月 2 日,科达公司于购入鸿飞公司于 1 月 1 日发行的公司债券,该债券的面值为 1 000 万元,票面利率为 10%,期限为 5 年,每年末付息,到期还本。该债券投资被科达公司界定为持有至到期投资。科达公司支付了买价 1 100 万元,另支付经纪人佣金 10 万元,印花税 2 000 元。经计算,该投资的内含报酬率为 7.29%。

要求:根据上述资料,完成科达公司以下业务的会计处理(单位:万元):

(1) 2006 年初购买该债券,年末计提利息收益,年末因鸿飞公司债务状况恶化,经测算科达公司所持债券的可收回价值为 1 010 万元。

(2) 2007 年年末计提利息收益。

(3) 2008 年年初将该项持有至到期投资重分类为可供出售金融资产,重分类当日其公允价值为 900 万元、年末计提利息收益、年末该债券的公允价值为 700 万元。

(4) 2009 年年末计提利息收益;年末鸿飞公司的财务状况进一步恶化,已达到事实贬值,经认定此时的可收回价值为 500 万元。

(5) 2010 年年初,科达公司将此债券出售,售价为 470 万元,假定无相关税费。

参 考 答 案

一、单项选择题

1. C 2. D 3. B 4. A 5. B 6. B 7. C 8. B 9. A
10. C 11. B 12. C 13. D 14. B 15. C 16. B 17. A
18. A 19. B 20. C

二、多项选择题

1. ABC 2. ABC 3. ACD 4. ABC 5. ABCD 6. BD
7. AB 8. ABCD 9. CD 10. CD 11. AD 12. ABCD

三、判断题

1. × 2. × 3. × 4. × 5. × 6. × 7. × 8. ×
9. × 10. ×

四、计算分析题

1. (1) 2007 年 1 月 1 日。

借:交易性金融资产——成本   200
    投资收益   2
    应收股利   10
  贷:银行存款   212

(2) 2007 年 1 月 6 日。

借：银行存款   10

  贷：应收股利   10

（3）2007 年 12 月 31 日。

  借：交易性金融资产——公允价值变动   24

    贷：公允价值变动损益   24

（4）2008 年 1 月 6 日。

  借：银行存款   6

    贷：投资收益   6

（5）2008 年 6 月 6 日。

  借：银行存款   240

    公允价值变动损益   24

    贷：交易性金融资产——成本   200

          ——公允价值变动 24

    投资收益   40

2. （1）2007 年 12 月 31 日，当期按应收账款计算应计提的坏账准备金额。

$$240 \times 5\% + 200 \times 10\% + 300 \times 20\% + 260 \times 6\% = 107.6(万元)$$

当期应计提的坏账准备 $= 107.6 - 140 = -32.4(万元)$（负数表示当期应冲回）

  借：坏账准备   32.4

    贷：资产减值损失——计提的坏账准备 32.4

（2）2008 年 4 月 10 日收回 60 万元应收账款。

  借：银行存款   60

    贷：应收账款   60

确认 180 万元（240－60）的坏账：

  借：坏账准备   180

    贷：应收账款   180

（3）2008 年 8 月 21 日,收回已作为坏账转销的应收账款。

借：应收账款   30

  贷：坏账准备   30

借：银行存款   30

  贷：应收账款   30

（4）2008 年年末计提坏账准备前"坏账准备"账户的余额为。

$$107.6-(240-60)+30=-42.4（万元）$$

当期按应收账款计算应计提坏账准备金额为：

$$160\times5\%+220\times10\%+200\times8\%=46（万元）$$

当期应计提的坏账准备$=46+42.4=88.4$(元)

借：资产减值损失——计提的坏账准备   88.4

  贷：坏账准备   88.4

3. （1）天虹公司的会计处理。

① 2004 年年初购入该债券时。

借：持有至到期投资——成本   100

  贷：银行存款   95

    持有至到期投资——利息调整   5

② 每年利息收益计算。

年份	年初摊余成本 ①	利息收益 ②＝①×r	现金流入 ③	年末摊余成本 ④＝①＋②－③
2004	95.00	4.90	4.00	95.90
2005	95.90	4.95	4.00	96.85
2006	96.85	5.00	4.00	97.85
2007	97.85	5.05	4.00	98.90
2008	98.90	5.10⑤	104.00	0.00

备注⑤：此数据应采取倒轧的方法认定,否则会出现计算偏差,具体计算过程为：$5.10=104-98.9$。

每年的分录如下：

2004 年：

借：应收利息　　　　　　　　　　　　　　　　　4.00

　　持有至到期投资——利息调整　　　　　　　　0.90

　　贷：投资收益　　　　　　　　　　　　　　　　4.90

收到利息时：

借：银行存款　　　　　　　　　　　　　　　　　　4

　　贷：应收利息　　　　　　　　　　　　　　　　4

2005 年、2006 年、2007 年、2008 年的会计分录与上述基本相同。

③ 到期时。

借：银行存款　　　　　　　　　　　　　　　　　100

　　贷：持有至到期投资——成本　　　　　　　　100

（2）资料调整后天虹公司的会计处理。

天虹公司应当调整 2006 年年初的摊余成本，计入当期损益；调整时采用最初确定的实际利率。

修正后的利息收益计算表如下：

年份	年初摊余成本 ①	利息收益 ②=①×r	现金流量 ③	年末摊余成本 ④=①+②-③
2006	97.87⑤	5.05	54.00	48.92
2007	48.92	2.52	2.00	49.45
2008	49.45	2.55	52.00	0.00

备注：⑤=$54 \div (1+5.16\%)^1 + 2 \div (1+5.16\%)^2 + 52 \div (1+5.16\%)^3$

其他各项数据的计算关系同上例。

根据上述调整，天虹公司的账务处理如下：

① 2006 年年初的分录。

借：持有至到期投资——利息调整   1.02

  贷：投资收益   1.02

② 2006 年年末的分录。

  借：应收利息   4.00

    持有至到期投资——利息调整   1.05

   贷：投资收益   5.05

收到利息时：

  借：银行存款   4

   贷：应收利息   4

收到一半的本金时：

  借：银行存款   50

   贷：持有至到期投资——成本   50

③ 2007 年年末的分录。

  借：应收利息   2.00

    持有至到期投资——利息调整   0.52

   贷：投资收益   2.52

收到利息时：

  借：银行存款   2

   贷：应收利息   2

④ 2008 年年末的分录。

  借：应收利息   2.00

    持有至到期投资——利息调整   0.55

   贷：投资收益   2.55

收到利息时：

  借：银行存款   2

   贷：应收利息   2

收到一半的本金时：

借：银行存款 50

贷：持有至到期投资——成本 50

（3）如果改为到期一次还本付息，则天虹公司的会计处理。

① 计算内含报酬率。

设内含利率为 r，该利率应满足如下条件：

$$120 \div (1+r)^5 = 95$$

经测算，计算结果：$r=4.78\%$

② 2004 年年初购入该债券时。

借：持有至到期投资——成本 100

贷：银行存款 95

持有至到期投资——利息调整 5

③ 每年利息收益计算。

年份	年初摊余成本 ①	利息收益 ②=①×r	现金流入 ③	年末摊余成本 ④=①+②-③
2004	95.00	4.54	0.00	99.54
2005	99.54	4.76	0.00	104.31
2006	104.31	4.99	0.00	109.29
2007	109.29	5.23	0.00	114.52
2008	114.52	5.48	120.00	0.00

2004 年的分录如下：

借：持有至到期投资——应计利息 4.00

——利息调整 0.54

贷：投资收益 4.54

2005 年、2006 年、2007 年、2008 年的会计分录与上述基本相同。

到期时：

借：银行存款   120

 贷：持有至到期投资——成本   100

    ——应计利息   20

4. （1）2006 年年初购买该债券时。

该持有至到期投资的入账成本 $=1\,100+10+0.2=1\,110.2$（万元）

借：持有至到期投资——成本   1 000.0

    ——利息调整   110.2

 贷：银行存款   110.2

2006 年年末计提利息收益时：

年份	年初摊余成本 ①	当年利息受益 ②=①×7.29%	票面利息 ③=1 000×10%	年末摊余成本 ④=①+②-③
2006	1 110.20	80.93	100.00	1 091.13

相关会计分录如下：

借：应收利息   100.00

 贷：持有至到期投资——利息调整 19.07

  投资收益   80.93

2006 年年末计提减值准备：

所持债券的可收回价值为 1 010 万元，此时的摊余成本为1 091.13 万元，发生贬值 81.13 万元，分录如下：

借：资产减值损失   81.13

 贷：持有至到期投资减值准备 81.13

（2）2007 年年末计提利息收益时。

年份	年初摊余成本 ①	当年利息受益 ②=①×7.29%	票面利息 ③=1 000×10%	年末摊余成本 ④=①+②-③
2007	1 010.00	73.63	100.00	983.63

相关会计分录如下：

借：应收利息   100.00
　　贷：持有至到期投资——利息调整   26.37
　　　　投资收益   73.63

（3）2008 年年初将该项持有至到期投资重分类为可供出售金融资产。

借：可供出售金融资产——成本   1 000.00
　　　　　　　　　　　——利息调整   64.76
　　资本公积——其他资本公积   83.63
　　持有至到期投资减值准备   81.13
　　贷：持有至到期投资——成本   1 000.00
　　　　　　　　　　　——利息调整   64.76
　　　　可供出售金融资产——公允价值变动   164.76

2008 年年末计提利息收益时：

年份	年初摊余成本 ①	当年利息受益 ②＝①×7.29%	票面利息 ③＝1 000×10%	年末摊余成本 ④＝①＋②－③
2008	900.00	65.61	100.00	865.61

相关会计分录如下：

借：应收利息   100.00
　　贷：可供出售金融资产——利息调整   34.39
　　　　投资收益   65.61

2008 年年末该债券的公允价值为 700 万元，此时的摊余成本为 865.61 万元，则发生贬值 165.61 万元，由于此时没有证据表明此贬值是非暂时状态，因此应作公允价值调账处理，分录如下：

借：资本公积——其他资本公积   165.61
　　贷：可供出售金融资产——公允价值变动   165.61

（4）2009 年年末的会计处理。

计提利息收益时：

年份	年初摊余成本 ①	当年利息受益 ②＝①×7.29%	票面利息 ③＝1 000×10%	年末摊余成本 ④＝①＋②－③
2009	700.00	51.03	100.00	651.03

相关会计分录如下：

借：应收利息   100.00

  贷：持有至到期投资——利息调整   48.97

    投资收益   51.03

2009 年年末，鸿飞公司的财务状况进一步恶化，已达到事实贬值，经认定此时的可收回价值为 500 万元；此时的摊余成本为 651.03 万元，则发生贬值 151.03 万元，另外，此时的"资本公积——其他资本公积"的借方余额为 249.24 万元（165.61＋83.36），即此暂时贬值应一并认定为正式损失，具体处理如下：

借：资产减值损失   400.27

  贷：资本公积——其他资本公积   249.24

    可供出售金融资产——公允价值变动   151.03

（5）2010 年年初，科达公司将此债券出售，售价为 470 万元，假定无相关税费。

借：银行存款   470.0

  可供出售金融资产——利息调整   18.6

              ——公允价值变动   481.4

  投资收益   30.0

  贷：可供出售金融资产——成本   1 000.0

第四章 存　　货

一、单项选择题

1. 2007 年 8 月 9 日,甲公司与乙公司签订销售合同:由甲公司于 2008 年 5 月 15 日向乙公司销售机床 5 000 台,每台 1.2 万元。2007 年 12 月 31 日,甲公司已经生产出的机床 4 000 台,单位成本 0.8 万元,账面成本为 3 200 万元。2007 年 12 月 31 日市场销售价格为每台 1.1 万元,预计销售税费为 264 万元。则 2007 年 12 月 31 日机床的可变现净值为(　　)万元。

  A. 4 000   B. 4 136

  C. 4 536   D. 4 800

2. 红星企业 2008 年 4 月购入甲材料 1 000 千克,增值税专用发票上注明的买价为 30 000 元,增值税额为 5 100 元。该批甲材料在运输途中发生 1% 的合理损耗,实际验收入库 990 千克;在入库前发生挑选整理费用 300 元。该批入库甲材料的实际总成本为(　　)元。

  A. 29 700   B. 29 997

  C. 30 300   D. 35 400

3. 胜利企业本月购进原材料 200 千克,货款为 6 000 元,增值税额为 1 020 元;发生的保险费为 350 元,入库前的挑选整理费用为 130 元;验收入库时发现数量短缺 10%,经查属于运输途中合理损耗。胜利企业该批原材料实际单位成本为每千克(　　)元。

  A. 32.4   B. 33.33

  C. 35.28   D. 36

4. 2008 年 12 月 31 日,甲公司库存自制半成品成本为 70 万元,预计加工完成该产品尚需发生加工费用 22 万元,预计产成品不含增值税的销售价格为 100 万元,销售费用为 12 万元。假定该库存自制半成品未计提存货跌价准备,不考虑其他因素。2008 年 12 月 31 日,甲公司对该库存自制半成品应计提的存货跌价准备为( )万元。

    A. 4   B. 8

    C. 18   D. 30

5. 大华企业本期购进商品一批,进货价格为 100 万元,增值税额为 17 万元,商品到达验收入库时发现短缺 20%,其中合理损耗为 5%,另 15% 尚待查明原因。则该商品的入账价值应为( )万元。

    A. 100   B. 80

    C. 85   D. 95

6. 下列各项中,不应当作为企业存货核算的是( )。

    A. 委托代销的商品

    B. 企业已购入但尚未到达仓库的在途商品

    C. 企业已收到商品,但尚未收到销货方发票的商品

    D. 约定未来购入的商品

7. 甲公司 2008 年 6 月 1 日甲商品结存 200 件,单位成本 1 500 元,6 月 15 日对外销售 100 件,6 月 18 日购进 200 件,单价 1 800 元,6 月 25 日对外销售 250 件。公司采用先进先出法计算发出存货成本,则 6 月份甲商品的销售成本为( )万元。

    A. 56.94   B. 57

    C. 57.75   D. 57.69

8. 甲公司收购免税农产品一批,其价款为 200 000 元,支付运费 2 000 元(7% 可作为进项税额抵扣),则收购免税农产品的"应交税费——应交增值税(进项税额)"金额( )元。

    A. 20 000   B. 20 140

    C. 140   D. 2 020

9. 下列各项中,关于企业期末存货进行定期检查并计提减值准备的说法不正确的是( )。

    A. 待销售商品已发生跌价,但在可预见未来价格可以很快回升,未计提减值准备

    B. 待销售某商品已发生跌价,但因该商品已经有订购合同且以合同价计算可变现价值高于成本,未计提减值准备

    C. 待加工某材料发生跌价是由于该材料加工的产品发生跌价,按照该材料成本与其可变现净值的差额计提跌价准备

    D. 待加工甲材料账面成本高于市场售价,按两者的差额计提跌价准备

10. 2008 年 12 月 31 日,大华公司库存自制半成品的实际成本为 60 万元,预计进一步加工所需费用为 24 万元,预计销售费用及税金为 12 万元。该半成品加工完成后的产品预计销售价格为 90 万元。2008 年 12 月 31 日,该项存货应计提的跌价准备为( )万元。

    A. 0   B. 30

    C. 24   D. 6

11. 宏大公司本期购入原材料 100 千克,价款为 57 000 元(不含增值税额)、验收入库时发现短缺 5%,经查属于运输途中合理损耗。该批原材料入库前的挑选整理费用为 380 元。该批原材料的实际单位成本每千克为( )元。

    A. 545.3   B. 573.8

    C. 604   D. 706

12. 下列各项中,不会引起期末存货账面价值发生增减变动的是( )。

    A. 已发出商品但尚未确认销售

    B. 已确认销售但尚未发出商品

    C. 计提存货跌价准备

    D. 已收到发票账单并付款但尚未收到材料

13. 2008 年 12 月 31 日,胜利企业 X、Y、Z 三种存货成本与可变现净值分别为:X 存货成本 10 万元,可变现净值 8 万元;Y 存货成本 12 万元,可变现净值 15 万元;Z 存货成本 18 万元,可变现净值 15 万元。X、Y、Z 三种存货已计提的跌价准备分别为 1 万元、2 万元、1.5 万元。假定该企业只有这三种存货,2008 年 12 月 31 日应补提的存货跌价准备总额为( )万元。

  A. -0.5   B. 0.5

  C. 2   D. 5

14. 红星企业适用的增值税税率为 17%,适用的消费税税率为 10%。该企业委托其他单位(增值税一般纳税企业)加工一批属于应税消费品的原材料(非金银首饰),该批委托加工原材料收回后用于继续生产应税消费品。发出原材料的成本为 180 万元,支付的不含增值税的加工费为 90 万元,支付的增值税额为 15.3 万元。该批原材料已加工完成并验收入库,其实际成本为( )万元。

  A. 270   B. 280

  C. 300   D. 315.3

15. 2008 年 12 月 31 日,立达公司拥有 M、N 两种商品,成本分别为 240 万元、320 万元。其中,M 商品全部签订了销售合同,合同销售价格为 200 万元,市场价格为 190 万元;N 商品没有签订销售合同,市场价格为 300 万元;销售价格和市场价格均不含增值税。该公司预计销售 M、N 商品尚需分别发生销售费用 12 万元、15 万元,不考虑其他相关税费;截至 2008 年 11 月 30 日,该公司尚未为 M、N 商品计提存货跌价准备。2008 年 12 月 31 日,该公司应为 M、N 商品计提的存货跌价准备总额为( )万元。

  A. 60   B. 77

  C. 87   D. 97

16. 企业委托加工应税消费品,收回后用于继续加工,用于支付给受托方的消费税,应( )。

A. 计入委托加工物资的成本

B. 记入"应交税费——应交消费税"账户的借方

C. 记入"应交税费——应交消费税"账户的贷方

D. 记入"营业税金及附加"账户的借方

17. 甲公司期末原材料的账面余额为 1 000 000 元,数量为 10 000 千克。该原材料专门用于生产与乙公司所签合同约定的 20 台丙产品。该合同约定:甲公司为乙公司提供丙产品 20 台,每台售价 100 000 元(不含增值税,本题下同)。将该原材料加工成 20 台丙产品尚需加工成本总额为 950 000 元。估计销售每台丙产品尚需发生相关税费 10 000 元(不含增值税,本题下同)。本期期末市场上该原材料每千克售价为 90 元,估计销售每千克原材料尚需发生相关税费 1 元。期末该原材料的可变现净值为( )元

A. 850 000　　　　　　　B. 890 000

C. 1 000 000　　　　　　D. 1 050 000

18. 在原材料按计划成本核算的情况下,在"材料采购"账户的贷方登记的是( )。

A. 采购材料的实际成本　　B. 采购材料的计划成本

C. 入库材料的实际成本　　D. 入库材料的计划成本

19. 材料采购的实际成本大于入库材料的计划成本为超支差异,应从( )。

A. "材料采购"账户的借方转入"材料成本差异"账户的借方

B. "材料采购"账户的借方转入"材料成本差异"账户的贷方

C. "材料采购"账户的贷方转入"材料成本差异"账户的借方

D. "材料采购"账户的贷方转入"材料成本差异"账户的贷方

20. 采用计划成本核算时,库存商品实际成本与计划成本的差异,可单独设置( )账户核算。

A. "材料成本差异"　　　　B. "库存商品成本差异"

C. "产品成本差异"　　　　D. "存货成本差异"

21. 资产负债表日,存货应当按照成本与可变现净值孰低计量。这里的成本是指期末存货的(　　)。

　　A. 计划成本　　　　　　B. 销售价格

　　C. 合同价格　　　　　　D. 实际成本

22. 存货应当按照成本进行初始计量。这里的成本是指取得存货时的(　　)。

　　A. 加工成本　　　　　　B. 计划成本

　　C. 实际成本　　　　　　D. 买价

23. 可变现净值的特征表现为存货的(　　)。

　　A. 预计未来净现金流量　　B. 估计售价

　　C. 合同价　　　　　　　　D. 账面价值

24. 下列各项中,低值易耗品的摊销适用于一次摊销法是(　　)。

　　A. 一次领用数量较大的　　B. 极易损坏的

　　C. 使用期限较长的　　　　D. 单位价值较高的

25. 甲企业委托外单位加工一批材料(可用于继续加工应税消费品),发出材料的计划成本 60 000 元,材料成本差异率为 -1%,发出材料时支付的运杂费 300 元,支付的加工费 2 000 元,委托方代扣代缴的增值税 10 540 元(已取得增值税专用发票)、消费税 200 元,收回时支付的运杂费 400 元,该批委托加工物资的实际成本为(　　)元。

　　A. 62 100　　　　　　　　B. 76 240

　　C. 76 440　　　　　　　　D. 73 440

26. 下列物品均是为了包装本企业商品而储备的,其中不属于包装物的是(　　)。

　　A. 桶　　　　　　　　　　B. 箱

　　C. 铁丝　　　　　　　　　D. 坛

27. 加工物资收回后直接用于销售的,在其验收入库时应借记(　　)账户。

　　A. "库存商品"　　　　　　B. "原材料"

C. "周转材料" D. "委托加工物资"

28. 下列各项中，不属于企业库存商品的是（   ）。

    A. 发出展览的商品

    B. 接受外来原材料加工制造的代制品

    C. 为外单位加工修理的代修品

    D. 已完成销售手续但购买单位在月末未提取的产品

29. 企业发生的存货毁损，在报经批准后，非常损失中应由保险公司赔偿的部分应借记（   ）账户。

    A. "原材料" B. "其他应收款"

    C. "管理费用" D. "营业外支出"

30. 在物价持续上升时，期末存货成本接近于市价，而发出成本偏低，利润偏高的存货发出的计价方法是（   ）。

    A. 先进先出法 B. 全月一次加权平均法

    C. 移动加权平均法 D. 个别计价法

二、多项选择题

1. 下列各项中，应将存货账面价值全部转入当期损益的有（   ）。

    A. 已霉烂变质的存货

    B. 已过期且无转让价值的存货

    C. 生产中已不再需要，并且已无转让价值的存货

    D. 其他足以证明已无使用价值和转让价值的存货

2. 下列存货的盘亏或毁损损失，报经批准后，应转作管理费用的有（   ）。

    A. 保管中产生的定额内自然损耗

    B. 自然灾害所造成的毁损净损失

    C. 管理不善所造成的毁损净损失

    D. 收发差错所造成的短缺净损失

3. 一般纳税企业委托其他单位加工材料收回后直接对外销售的,其发生的下列支出中,应计入委托加工物资成本的有(　　)。

A. 交纳的增值税　　　　　B. 发生的加工费

C. 发出材料的实际成本　　D. 受托方代收代缴消费税

4. 下列各项中,存货计价对企业损益的计算有直接影响的有(　　)。

A. 下期期初存货估计如果过低,下期的收益可能相应的减少

B. 本期期末存货估计如果过低,当期的收益可能相应的减少

C. 本期期末存货估计如果过高,当期的收益可能相应的增加

D. 下期期初存货估计如果过高,下期的收益可能相应的增加

5. 下列各项中,应在资产负债表的"存货"项目中列示的有(　　)。

A. 工程物资　　　　　　　B. 材料采购

C. 委托加工商品　　　　　D. 生产成本

6. 下列各项中,企业应计提存货跌价准备的有(　　)。

A. 市价持续下跌,并且在可预见的未来无回升的希望

B. 企业使用该项原材料生产的产品的成本大于产品的销售价格

C. 因企业所提供的商品或劳务过时或消费者偏好改变而使市场的需求发生变化,导致市场价格逐渐下跌

D. 企业因产品更新换代,原有库存原材料已不适应新产品的需要,而该原材料的市场价格又低于其账面成本

7. 下列各项中,企业购入存货的成本不应包括(　　)。

A. 购买价款　　　　　　　B. 直接人工

C. 购入存货发生的保险费

D. 为特定客户设计产品所发生的、可直接确定的设计费用

8. 下列各项中,自制原材料的成本包括(　　)。

A. 直接材料　　　　　　　B. 直接人工

C. 制造费用　　　　　　　　D. 盘亏损失

9. 下列各项中，不应计入购入存货成本的有（　　　）。

　　A. 进口关税　　　　　　　　B. 消费税

　　C. 相应的教育费附加　　　　D. 可抵扣的增值税进项税额

10. 下列各项中，不应计入为某特定客户生产的在产品成本的有（　　　）。

　　A. 因火灾毁损的在产品所消耗的直接材料、直接人工和分摊的制造费用

　　B. 在产品所耗原材料的仓储费用

　　C. 修理机器设备发生的增值税进项税额

　　D. 为特定客户设计产品所发生的、可直接确定的设计费用

11. 若企业的原材料采用计划成本核算，则在（　　　）的情况下，存货的实际采购成本应记入"材料采购"账户。

　　A. 货款已经支付或开出、承兑商业汇票，同时材料已验收入库

　　B. 货款已经支付或开出、承兑商业汇票，材料尚未到达或尚未验收入库

　　C. 货款尚未支付，材料已经验收入库，发票账单已到

　　D. 货款尚未支付，材料已经验收入库，发票账单未到

12. 委托加工物资可以采用（　　　）进行核算。

　　A. 实际成本　　　　　　　　B. 计划成本

　　C. 加工成本　　　　　　　　D. 售价

13. 下列各项中，属于原材料的有（　　　）。

　　A. 原料及主要材料　　　　　B. 外购半成品

　　C. 修理备件　　　　　　　　D. 包装材料

14. 下列各项中，包括在购入存货实际成本中的项目有（　　　）。

　　A. 买价

　　B. 小规模纳税企业购入材料支付的增值税额

　　C. 运输途中的各种损耗

D. 挑选整理过程中发生的数量损耗

15. 下列各项中,加工物资所应负担的增值税应计入加工物资成本的有( )。

    A. 用于应交增值税项目并取得了增值税专用发票的小规模纳税企业的加工物资

    B. 未取得增值税专用发票的一般纳税企业的加工物资

    C. 用于非应纳增值税项目的加工物资

    D. 用于免征增值税项目的加工物资

16. 盘亏及毁损的存货在报经批准后,可能借记的账户有( )。

    A. "原材料"   B. "其他应收款"

    C. "管理费用"   D. "营业外支出"

17. 下列各项中,不应计入存货成本而应在发生时直接计入当期损益的有( )。

    A. 采购过程中发生的仓储费用

    B. 存货采购入库后发生的仓储费用

    C. 因自然灾害而发生的直接材料

    D. 采购人员的职工薪酬

18. 工业企业发出存货按实际成本核算的计价方法有( )。

    A. 先进先出法   B. 后进先出法

    C. 全月一次加权平均法   D. 毛利率法

19. 下列各种发出存货的计价方法中,商品流通企业可以采用的有( )。

    A. 后进先出法   B. 移动加权平均法

    C. 毛利率法   D. 售价金额核算法

20. 下列各项加工物资所应负担的增值税中,应计入加工物资成本的有( )。

    A. 一般纳税企业用于非应纳增值税项目的加工物资

    B. 一般纳税企业用于免征增值税项目的加工物资

C. 一般纳税企业未取得增值税专用发票的加工物资

D. 小规模纳税企业的加工物资

21. 某企业材料按计划成本进行日常核算,材料的期初成本差异率与本期成本差异率相差较小,发出材料应负担的成本差异可按( )计算。

A. 期初成本差异率
B. 本期计划成本差异率

C. 上期计划成本差异率
D. 本期实际成本差异率

22. 某企业材料按计划成本进行日常核算,委托加工所耗材料的期初成本差异率与本期成本差异率相差较大,则企业发出委托加工材料应负担的成本差异可按( )计算。

A. 期初成本差异率
B. 本期计划成本差异率

C. 上期计划成本差异率
D. 本期实际成本差异率

23. 企业自营工程领用本企业原材料时,应借记"在建工程"账户,贷记( )账户。

A. "应交税费——应交增值税(销项税额)"

B. "原材料"

C. "材料成本差异"

D. "应交税费——应交增值税(进项税额转出)"

24. 下列各项中,委托加工的商品物资可以采用( )。

A. 实际成本计价核算
B. 售价核算

C. 进价核算
D. 计划成本核算

25. 下列各项中,属于企业周转材料的有( )。

A. 包装物
B. 原材料

C. 低值易耗品
D. 工程物资

26. 存货应当以其成本入账。存货成本包括( )。

A. 采购成本
B. 制造费用

C. 加工成本
D. 其他成本

27. 存货的采购成本中的其他可直接归属于存货采购的费用是指

采购成本中除采购价格、进口关税和其他税金、运输费、装卸费、保险费以外的可直接归属于存货采购的费用,如在存货采购过程中发生的( )等。

    A. 仓储费   B. 入库前的挑选整理费用

    C. 包装费   D. 运输途中的合理损耗

28. 下列各项中,包装物的成本一次转销计入当期损益的情况有( )。

    A. 随同商品出售并单独计价   B. 随同商品出售不单独计价

    C. 企业管理领用   D. 出租给外单位使用

29. 下列各项中,构成委托加工物资成本的有( )。

    A. 采购成本   B. 可抵扣的增值税进项税额

    C. 加工成本

    D. 使存货达到目前场所和状态所发生的其他成本

三、判断题

1. 企业采用先进先出法计量发出存货的成本,如果本期发出存货的数量超过本期第一次购进存货的数量(假定本期期初无库存),超过部分仍应按本期第一次购进存货的单位成本计算发出存货的成本。

                                              ( )

2. 企业采用加权平均法计量发出存货的成本,在物价上涨时,当月发出存货的单位成本小于月末结存存货的单位成本。 ( )

3. 2008 年 12 月 31 日,某公司为生产持有的甲材料的账面价值为 580 万元,其市场价格为 550 万元,若不发生其他购买费用;用甲材料生产的产成品的可变现净值高于成本,那么甲材料的期末计量仍为 580 万元。   ( )

4. 如果同一类存货中,一部分有合同约定价格,另一部分没有合同约定价格,企业应分别确定其可变现净值,并与其相对应的成本进行比较,从而分别确定是否需计提存货跌价准备,但由此计提的存货跌价

准备可以相互抵销。　　　　　　　　　　　　　　　（　　）

5. 采用成本与可变现净值孰低法对存货进行计价,从存货的整个周转过程来看,只起着调节不同会计期间利润的作用,并不影响利润总额的减少。　　　　　　　　　　　　　　　　　　（　　）

6. 商品流通企业先行归集在采购商品过程中发生的运输费、装卸费、保险费以及其他可归属于存货采购成本的进货费用,而后对于已售商品的进货费用,计入当期损益,对于未售商品的进货费用,计入期末存货成本,如果金额较小的,也可在发生时直接计入当期损益。（　　）

7. 委托加工物资的成本等于委托加工的材料加上加工费加上收回后直接出售时受托方代收代缴的消费税。　　　　　　　（　　）

8. 接受投资方式下取得的存货成本按投资各方的确认价值来入账,但合同或协议约定价值不公允的除外。　　　　　　　（　　）

9. 企业每期都应当重新确定存货的可变现净值,如果以前减记存货价值的影响因素已经消失,则减记的金额应当予以恢复,并在原已计提的存货跌价准备的金额内转回。　　　　　　　　（　　）

四、计算分析题

1. 2008 年 8 月,红星企业将生产应税消费品甲产品所需原材料委托大华企业加工。具体业务如下:

(1) 10 日,红星企业发出材料实际成本为 51 950 元,应付加工费为 7 000 元(不含增值税),消费税税率为 10%,红星企业收回后将进行加工应税消费品甲产品。

(2) 25 日,收回加工物资并验收入库,另支付往返运杂费 150 元,加工费及代扣代缴的消费税均未结算。

(3) 26 日,将所加工收回的物资投入生产甲产品。此外,生产甲产品过程中发生工资费用 20 000 元,福利费用 2 800 元,分配制造费用 18 100元。

(4) 28 日,甲产品全部完工验收入库。

（5）31 日,销售甲产品,售价 200 000 元(不含增值税),货款尚未收到。

要求:编制红星企业有关会计分录。

2. 大华公司是一般纳税人,2008 年 5～6 月发生如下经济业务:

（1）5 月 1 日,大华公司自丽达公司以银行存款方式购入甲材料,总量为 100 000 千克,每千克单位为 120 元,增值税税率为 17%,另支付运费 5 万元(按运费的 7%扣除进项税额),装卸费 3 万元,保险费 6 万元,运输途中共损耗 40 000 千克,其中 5 000 千克为合理损耗,35 000 千克是运输单位华天公司责任所致。为简化核算,运杂费全部由合格品来负担,不再分配认定非合理损耗部分所承担的份额。

（2）5 月 5 日,大华公司将甲材料全部发给宏达公司用于加工制造为乙材料,加工费用为 106.35 万元,增值税税率为 17%,消费税税率为 10%。相关款项均以银行存款方式结算完毕。乙材料于 7 月 15 日验收入库。

（3）5 月 31 日,经过对乙材料的再加工,在垫付了 60 万元后,完工产出丙商品 40 件。此时,该商品的市场售价为单件 25 万元,消费税税率 15%,增值税税率 17%,预计每件丙商品的销售需垫付 0.9 万元的销售费用。假定丙商品未提取过减值准备。

（4）6 月 10 日,大华公司将所有完工的丙商品用于对胜利公司的投资。

（5）计算应交消费税额。

要求:根据以上资料作出相应的账务处理(单位:万元)。

3. 某企业周转材料采用计划成本进行日常核算,低值易耗品和出租的包装物采用五五摊销法进行摊销。该企业当月领用包装物的计划成本 1 800 元用于出租,成本差异率为 2%,当月取得的包装物租金收入 1 200 元尚未收到,其租金收入适用 5%的营业税税率。当月车间领用低值易耗品一批,其计划成本 3 200 元,成本差异率为 5%。当月报废在用管理用具一批,其计划成本 1 400 元,收回残料计价 80 元。

要求：编制上述经济业务事项的会计分录。

五、综合题

1. A 工业企业 2008 年 3 月份 X 材料期初结存 300 千克,单位成本 195 元/千克。当月发生下列与 X 材料相关的购入和领用业务:

(1) 5 日,购入 X 材料 505 千克,增值税专用发票上注明的买价 101 000 元,增值税额 17 170 元,发生的运输费 2 000 元,保险费 800 元,可直接归属于该批材料的包装费 200 元。验收时发现该批材料短缺 5 千克,属运输途中的合理损耗。材料已验收入库,发票等结算凭证已到,货款尚未支付。

(2) 7 日,根据合同开出转账支票 10 万元预付向 B 企业采购 X 材料的购货款。

(3) 12 日,购入 X 材料 600 千克,增值税专用发票上注明的买价 123 000 元,增值税额 20 910 元,发票等结算凭证已到,供货方代垫的运输费 1 900 元,保险费 900 元。上述款项已通过银行转账支付。商品尚未运抵企业。

(4) 18 日,购入 X 材料 800 千克,增值税专用发票上注明的买价 164 000 元,增值税额 27 880 元,发票等结算凭证已到,供货方代垫的运输费 2 300 元,保险费 1 200 元。材料运抵后发生的入库前挑选整理费 200 元。当日 A 企业开出面值 190 000 元的商业承兑汇票一张,其余款项均已通过银行转账支付。该批材料已验收入库。

(5) 20 日,12 日购入 X 材料 600 千克已运抵企业,可直接归属于该批材料的入库前挑选整理费 100 元,其款项已于当天用现金支付。

(6) 24 日,开出转账支票支付 5 日购入的 X 材料的全部款项 121 170 元。

(7) 28 日,收到 B 企业发运的 X 材料 600 千克,材料已验收入库。同时收到该批材料的发票等结算凭证,其中,增值税专用发票上注明的买价 120 000 元,增值税额 20 400 元,B 企业代垫的运输费 1 500 元,保险费 800 元,包装费 1 200 元。该批材料属于 7 日预付货款所购的材料。余款已于当日通过银行转账支付。

(8) 31 日,购入 X 材料 400 千克,该批材料已运抵企业并已验收入库,但发票等结算凭证尚未收到。该批材料的暂估价值 84 000 元。

(9) 31 日,发料凭证汇总表记录如下:车间生产产品领用 X 材料 2 300 千克,车间一般耗用 X 材料 200 千克,行政管理部门领用 X 材料 100 千克。

要求:

(1) 计算各批购入 X 材料的实际成本。

(2) 计算加权平均单位成本。

(3) 计算车间生产产品领用、车间一般耗用和行政管理部门领用 X 材料的实际成本。

(4) 编制上述经济业务的会计分录("应交税费"账户须写出明细账户和专栏)。

(5) 编制 4 月初冲回原材料暂估价值的会计分录。

2. 某企业的 Y 材料期初计划成本 250 000 元,材料成本差异为超支 10 000 元。该材料上期已计提存货跌价准备 80 000 元,当期生产领用 Y 材料,其计划成本 100 000 元,本期的材料成本差异率为 4%。当期期末该批材料加工完成的产成品估计售价 280 000 元,估计的加工成本 140 000 元,估计的销售费用 13 000 元,估计的相关税费 7 000 元。

要求:

(1) 计算生产领用原材料应负担的材料成本差异。

(2) 编制生产领用 Y 材料的会计分录。

(3) 计算生产领用 Y 材料应结转的存货跌价准备。

(4) 编制结转存货跌价准备的会计分录。

(5) 计算期末结存 Y 材料的成本、可变现净值和应计提的存货跌价准备。

(6) 计算应冲销或补提的存货跌价准备。

（7）编制计提存货跌价准备的会计分录。

（8）若期末结存的原材料的可变现净值为 95 000 元，试计算应计提的存货跌价准备、应补提或冲销的存货跌价准备并编制会计分录。

参 考 答 案

一、单项选择题

1. C 2. C 3. D 4. A 5. C 6. D 7. B 8. B 9. D
10. D 11. C 12. A 13. B 14. A 15. C 16. B 17. A 18. D
19. C 20. C 21. D 22. C 23. A 24. B 25. A 26. C 27. A
28. D 29. B 30. A

二、多项选择题

1. ABCD 2. ACD 3. BCD 4. BC 5. BCD 6. ABCD
7. AC 8. ABC 9. ABC 10. ABC 11. ABC 12. ABD
13. ABCD 14. ABD 15. ABCD 16. ABCD 17. BCD 18. AC
19. BCD 20. ABCD 21. AD 22. AD 23. BCD 24. ABCD
25. AC 26. ACD 27. ABCD 28. AB 29. ACD

三、判断题

1. × 2. × 3. √ 4. × 5. √ 6. √ 7. √ 8. √
9. √

四、计算分析题

1. 红星企业（委托方）账务处理如下：

（1）发出原材料时。

借：委托加工物资　　　　　　　　　　　　　　51 950

　　贷：原材料　　　　　　　　　　　　　　　　　　51 950

（2）应付加工费、代扣代缴的消费税。

$$应交纳增值税额＝7\,000×17\%＝1\,190(元)$$

$$应税消费品计税价格＝(51\,950＋7\,000)÷(1－10\%)＝65\,500(元)$$

$$代扣代缴的消费税＝65\,500×10\%＝6\,550(元)$$

借：委托加工物资　　　　　　　　　　　　　　7 000

　　应交税费——应交增值税（进项税额）　　　1 190

　　　　　　　——应交消费税　　　　　　　　6 550

　　贷：应付账款　　　　　　　　　　　　　　　　14 740

（3）支付往返运杂费。

借：委托加工物资　　　　　　　　　　　　　　150

　　贷：银行存款　　　　　　　　　　　　　　　　150

（4）收回加工物资验收入库。

借：原材料　　　　　　　　　　　　　　　　　59 100

　　贷：委托加工物资　　　　　　　　　　　　　　59 100

（5）甲产品领用收回的加工物资。

借：生产成本　　　　　　　　　　　　　　　　59 100

　　贷：原材料　　　　　　　　　　　　　　　　　59 100

（6）甲产品发生其他费用。

借：生产成本　　　　　　　　　　　　　　　　22 800

　　贷：应付职工薪酬　　　　　　　　　　　　　　22 800

借：生产成本　　　　　　　　　　　　　　　　18 100

　　贷：制造费用　　　　　　　　　　　　　　　　18 100

（7）甲产品完工验收入库。

借：库存商品   100 000

    贷：生产成本   100 000

（8）销售甲产品。

借：应收账款   234 000

    贷：主营业务收入   200 000

        应交税费——应交增值税（销项税额）   34 000

借：主营业务成本   100 000

    贷：库存商品   100 000

借：营业税金及附加   20 000

    贷：应交税费——应交消费税   20 000

（9）交纳消费税。

借：应交税费——应交消费税   13 450

    贷：银行存款   13 450

2.（1）借：原材料——甲材料   793.65

           应交税费——应交增值税（进项税额）   132.95

           其他应收款——华天公司   491.40

        贷：银行存款   1 418.00

（2）发出甲材料时。

借：委托加工物资   793.65

    贷：原材料——甲材料   793.65

支付加工费用和消费税时。

借：委托加工物资   106.35

        应交税费——应交增值税（进项税额）   18.08

                ——应交消费税   100.00

    贷：银行存款   224.43

收回乙材料时。

借：原材料——乙材料   900

    贷：委托加工物资   900

（3）丙商品的可变现净值＝(25－25×15％－0.9)×40＝814(万元)

丙商品的账面成本＝900＋60＝960(万元)

丙商品期末应提的减值准备额＝960－814＝146(万元)

计提存货跌价准备的分录如下：

借：资产减值损失　　　　　　　　　　　　　　　　146

　　贷：存货跌价准备——丙商品　　　　　　　　　　146

（4）借：长期股权投资——胜利公司　　　　　　　　1 170

　　　贷：主营业务收入　　　　　　　　　　　　　1 000

　　　　　应交税费——应交增值税　　　　　　　　　170

借：主营业务成本　　　　　　　　　　　　　　　814

　　　存货跌价准备　　　　　　　　　　　　　　146

　　　贷：库存商品——丙商品　　　　　　　　　　960

借：营业税金及附加　　　　　　　　　　　　　　150

　　贷：应交税费——应交消费税　　　　　　　　　150

（5）应补交的消费税＝150－100＝50(万元)

借：应交税费——应交消费税　　　　　　　　　　50

　　贷：银行存款　　　　　　　　　　　　　　　　50

3.（1）领用包装物的会计分录。

按计划成本将在库包装物转为在用包装物：

借：周转材料——包装物——在用　　　　　　　1 800

　　贷：周转材料——包装物——在库　　　　　　1 800

按计划成本摊销其价值的 50％,计入其他业务成本

借：其他业务成本　　　　　　　　　　　　　　900

　　贷：周转材料——包装物——摊销　　　　　　900

（2）确认包装物租金收入及计算应交营业税。

确认租金收入：

借：其他应收款　　　　　　　　　　　　　　1 200

　　贷：其他业务收入　　　　　　　　　　　　1 200

计算应交营业税：

借：营业税金及附加　　　　　　　　　　　　　　60
　　贷：应交税费——应交营业税　　　　　　　　　　　60

（3）车间领用低值易耗品的会计分录。

按计划成本将在库低值易耗品转为在用低值易耗品：

借：周转材料——低值易耗品——在用　　　　　3 200
　　贷：周转材料——低值易耗品——在库　　　　　　3 200

按计划成本摊销其价值的 50%，计入制造费用：

借：制造费用　　　　　　　　　　　　　　　　900
　　贷：周转材料——低值易耗品——摊销　　　　　　900

（4）当月报废管理用具。

收回残料及摊销其计划成本的 50%：

借：原材料　　　　　　　　　　　　　　　　　80
　　管理费用　　　　　　　　　　　　　　　620
　　贷：周转材料——低值易耗品——摊销　　　　　　700

注销报废的管理用具：

借：周转材料——低值易耗品——摊销　　　　　1 400
　　贷：周转材料——低值易耗品——在用　　　　　1 400

（5）月末计算分摊当月领用周转材料的成本差异。

借：其他业务成本　　　　　　　　　　　　　　36
　　管理费用　　　　　　　　　　　　　　　160
　　贷：材料成本差异——周转材料成本差异　　　　　196

五、综合题

1.（1）计算各批购入 X 材料的实际成本。

5 日购入 X 材料的实际成本＝101 000＋2 000＋800＋200＝104 000（元）

12 日付款、20 日运抵企
业的 X 材料的实际成本 $=123\,000+1\,900+900+100=125\,900$（元）

18 日购入 X 材
料的实际成本 $=164\,000+2\,300+1\,200+200=167\,700$（元）

28 日购入 X 材
料的实际成本 $=120\,000+1\,500+800+1\,200=123\,500$（元）

（2）计算加权平均单位成本。

加权平均
单位成本 $=(300\times195+104\,000+125\,900+167\,700+123\,500)\div$

$(300+500+600+800+600)=579\,600\div2\,800=207$（元/千克）

（3）计算各部门领用 X 材料的实际成本。

车间生产产品领用 $=2\,300\times207=476\,100$（元）

车间一般耗用 $=200\times207=41\,400$（元）

行政管理部门领用 $=100\times207=20\,700$（元）

（4）编制上述经济业务的会计分录。

5 日购入 X 材料：

借：原材料　　　　　　　　　　　　　　　　　104 000

　　应交税费——应交增值税（进项税额）　　　　17 170

　　贷：应付账款　　　　　　　　　　　　　　　121 170

7 日预付货款：

借：预付账款　　　　　　　　　　　　　　　　100 000

　　贷：银行存款　　　　　　　　　　　　　　　100 000

12 日按发票支付购料款：

借：在途物资　　　　　　　　　　　　　　　　125 800

　　应交税费——应交增值税（进项税额）　　　　20 910

　　贷：银行存款　　　　　　　　　　　　　　　146 710

18 日购入 X 材料：

借：原材料	167 700
应交税费——应交增值税（进项税额）	27 880
贷：应付票据	190 000
银行存款	5 580

20 日支付 12 日购料款的 X 材料验收入库：

借：原材料	125 900
贷：在途物资	125 800
库存现金	100

24 日支付 5 日购料款：

| 借：应付账款 | 121 170 |
| 　贷：银行存款 | 121 170 |

28 日预付款购买的 X 材料验收入库：

借：原材料	123 500
应交税费——应交增值税（进项税额）	20 400
贷：预付账款	143 900
借：预付账款	43 900
贷：银行存款	43 900

31 日已验收入库的 X 材料按暂估价入账：

| 借：原材料 | 84 000 |
| 　贷：应付账款 | 84 000 |

31 日领用 X 材料的实际成本计入相关成本费用：

借：生产成本	476 100
制造费用	41 400
管理费用	20 700
贷：原材料	538 200

（5）编制 4 月初冲回原材料暂估价值的会计分录。

借：原材料　　　　　　　　　　　　　　　　$\boxed{184\,000}$

　　贷：应付账款　　　　　　　　　　　　　　　$\boxed{184\,000}$

2. （1）计算生产领用原材料应负担的材料成本差异。

$$\begin{array}{l}\text{生产领用原材料应负担}\\\text{的 材 料 成 本 差 异}\end{array}=100\,000\times4\%=4\,000(\text{元})$$

（2）编制生产领用 Y 材料的会计分录。

借：生产成本　　　　　　　　　　　　　　　104 000

　　贷：原材料　　　　　　　　　　　　　　　100 000

　　　　材料成本差异　　　　　　　　　　　　　4 000

（3）计算生产领用 Y 材料应结转的存货跌价准备。

生产领用 Y 材料应结转的存货跌价准备，按照领用和库存 Y 材料的计划成本比例计算。

$$\begin{array}{l}\text{生产领用 Y 材料应结}\\\text{转 的 存 货 跌 价 准 备}\end{array}=80\,000\times100\,000\div250\,000=32\,000(\text{元})$$

（4）编制结转存货跌价准备的会计分录。

借：存货跌价准备　　　　　　　　　　　　　32 000

　　贷：生产成本　　　　　　　　　　　　　　32 000

（5）计算期末结存 Y 材料的成本、可变现净值和应计提的存货跌价准备。

$$\begin{array}{l}\text{期末结存 Y}\\\text{材料的成本}\end{array}=250\,000-100\,000+(10\,000-100\,000\times4\%)=156\,000(\text{元})$$

$$\begin{array}{l}\text{期末结存 Y 材}\\\text{料的可变现净值}\end{array}=280\,000-140\,000-13\,000-7\,000=120\,000(\text{元})$$

$$\begin{array}{l}\text{成本高于可变}\\\text{现净值的金额}\end{array}=\text{应计提的存货跌价准备}=156\,000-120\,000=36\,000(\text{元})$$

（6）计算应补提的存货跌价准备。

$$\text{已提数}=80\,000-32\,000=48\,000(\text{元})$$

$$\begin{array}{l}\text{应冲销的存}\\\text{货跌价准备}\end{array}=\text{应提数}-\text{已提数}=36\,000-48\,000=-12\,000(\text{元})$$

(7) 编制计提存货跌价准备的会计分录。

借：存货跌价准备   12 000

    贷：资产减值损失   12 000

(8) 若期末结存的原材料的可变现净值为 95 000 元。

$$\text{应计提的存货跌价准备} = 156\,000 - 95\,000 = 61\,000(\text{元})$$

$$\text{应补提的存货跌价准备} = \text{应提数} - \text{已提数} = 61\,000 - 36\,000 = 25\,000(\text{元})$$

借：资产减值损失   25 000

    贷：存货跌价准备   25 000

第五章　长期股权投资

一、单项选择题

1. 红星公司 2007 年 1 月 1 日以银行存款购入乙公司 10％的股份，初始投资成本为 40 万元，按成本法核算。乙公司 2007 年 3 月 1 日宣告分派 2006 年度的现金股利 20 万元。假设乙公司 2007 年实现净利润 60 万元，2008 年 3 月 1 日，乙公司宣告分派 2007 年度的现金股利 70 万元，则 2008 年 3 月 1 日，红星企业应确认的投资收益为（　　）万元。

  A. 4   B. 5

  C. 6   D. 7

2. 长期股权投资的初始投资成本大于投资时应享有被投资单位可辨认净资产公允价值份额的差额（　　）。

  A. 记入"长期股权投资——××公司"账户

  B. 记入"营业外收入"账户

  C. 不进行处理

  D. 记入"资本公积——其他资本公积"账户

3. 华丰公司于 2008 年 1 月 1 日取得乙企业 30％的股权，取得投资时被投资单位的固定资产公允价值为 120 万元，账面价值为 60 万元，固定资产的预计使用年限为 10 年，净残值为零，按照直线法计提折旧。被投资单位 2008 年度利润表中净利润为 50 万元。则华丰公司当年的投资收益额为（　　）万元。

  A. 5   B. 21

C. 13.2　　　　　　　　D. 26.4

4. 华丰企业持有乙企业 40％的股权,2007 年 12 月 31 日投资的账面价值为 600 万元。乙企业 2008 年亏损 1 800 万元。假定取得投资时被投资单位各资产公允价值等于账面价值,双方采用的会计政策、会计期间相同。华丰企业账上有应收乙企业长期应收款 240 万元,则华丰企业应贷记"长期应收款"(　　)万元。

A. 240　　　　　　　　B. 96

C. 120　　　　　　　　D. 480

5. 对于同一控制下的企业合并,合并方以发行权益性证券作为合并对价的,应当在合并日按照(　　)作为长期股权投资的初始投资成本。

A. 发行权益性证券的公允价值

B. 发行价格

C. 取得合并方所有者权益账面价值

D. 取得被合并方所有者权益账面价值的份额

6. 2008 年 1 月 1 日,华丰公司支付现金 1 500 万元购买丙公司持有的科达公司 60％的股权(华丰公司和科达公司属于同一集团内的子公司),购买股权时科达公司的所有者权益账面价值为 3 000 万元。则华丰公司长期股权投资的入账价值是(　　)万元。

A. 1 500　　　　　　　B. 1 800

C. 900　　　　　　　　D. 2 400

7. 2007 年 7 月 1 日,华丰企业购入乙公司股票 4 万股,每股价格 12 元,占乙公司有表决权资本的比例为 35％,另支付相关税费 3 000 元。华丰企业准备长期持有。乙公司 2008 年 3 月 1 日宣告分派 2007 年度的现金股利,每股 0.3 元。乙公司 2007 年度每股盈余 0.4 元(假定各月份实现的利润均相等)。基于重要性原则的考虑,按照被投资单位的账面净损益与持股比例计算确认投资损益。则 2008 年 3 月 1 日,华丰企业确认应收股利后该项长期股权投资的账面价值是(　　)万元。

　　A. 8.3　　　　　　　　　B. 47.9

　　C. 47.5　　　　　　　　　D. 47.1

8. 长期股权投资的初始投资成本小于投资时应享有被投资单位可辨认净资产公允价值份额的差额(　　)。

　　A. 记入"长期股权投资——××公司"账户

　　D. 记入"营业外收入"账户

　　C. 不进行处理

　　D. 记入"资本公积——其他资本公积"账户

9. 在权益法下,投资企业处置长期股权投资时,对于"资本公积——其他资本公积"账户的金额应该结转到(　　)账户。

　　A. "长期股权投资——××公司(股权投资准备)"

　　B. "营业外收入"

　　C. "投资收益"

　　D. "资本公积——其他资本公积"

10. 2007 年 1 月 1 日,红星公司取得胜利公司 30% 股权且具有重大影响,按权益法核算。取得长期股权投资时,某项长期资产的账面价值为 20 万元,红星公司确认的公允价值为 30 万元,2007 年 12 月 31 日,该资产的可收回金额为 15 万元,胜利公司确认了 5 万元减值损失。2007 年,胜利公司实现净利润 125 万元,那么,红星公司应确认的投资收益是(　　)万元。

　　A. 37.5　　　　　　　　　B. 36

　　C. 34.5　　　　　　　　　D. 40.5

11. 2007 年 1 月 1 日,华丰企业以银行存款购入乙公司 10% 的股份,并准备长期持有,采用成本法核算。乙公司于 2007 年 5 月 2 日宣告分派 2006 年度的现金股利 10 万元。2007 年,乙公司实现净利润 40 万元,2008 年 5 月 1 日,乙公司宣告分派 2007 年现金股利 20 万元。华丰公司 2008 年确认应收股利时应确认的投资收益为(　　)万元。

A. 3　　　　　　　　　B. 2

C. 4　　　　　　　　　D. 0

12. 华丰公司和乙公司无关联方关系,2008 年 4 月 1 日,乙公司经审计的净资产公允价值为 400 万元,华丰公司以评估的实物资产 200 万元(账面价值为 180 万元)对乙公司进行投资,同时以银行存款支付审计、法律等相关费用 2 万元;拥有乙公司 54% 的股权。则华丰公司长期股权投资的入账价值是(　　)万元。

A. 202　　　　　　　　B. 182

C. 216　　　　　　　　D. 218

13. 大华企业对华丰企业的股权投资采用成本法进行核算,股权投资的账面价值为 20 万元。2008 年 4 月 1 日,大华企业对华丰企业追加投资 200 万元,合计占华丰企业有表决权股份的 30%,且具有重大影响;2008 年 4 月 1 日,华丰企业的股东权益为 600 万元,则大华企业"长期股权投资——华丰企业(成本)"账户应记的金额为(　　)万元。

A. 180　　　　　　　　B. 200

C. 220　　　　　　　　D. 600

14. 华丰企业发行 120 万股普通股(每股面值 1 元)作为对价取得同一集团的乙企业 60% 的股权,该股票的公允市价为每股 3 元,合并日乙企业账面净资产总额为 260 万元,则华丰企业应贷记"资本公积"(　　)万元。

A. 120　　　　　　　　B. 140

C. 240　　　　　　　　D. 36

15. 2008 年 4 月 1 日,华丰公司用一批存货对乙公司进行长期股权投资,该存货账面余额为 100 万元,公允价值为 120 万元,增值税税率为 17%,已为该存货计提跌价准备 5 万元。华丰公司长期股权投资的初始投资成本为(　　)万元。

A. 120　　　　　　　　B. 140.4

C. 120.4　　　　　　　D. 115.4

16. 企业采用权益法对股权投资进行核算,被投资企业宣告分派现金股利或利润时,投资企业正确的会计处理是( )。

A. 按比例增加投资收益

B. 按比例冲减投资收益

C. 按比例增加长期股权投资的账面价值

D. 按比例冲减长期股权投资的账面价值

17. 在权益法下,被投资方发生的下列事项中投资方不需要调整长期股权投资账户账面余额的是( )。

A. 发放现金股利

B. 接受专项拨款转入而增加资本公积

C. 实现净利润

D. 增资扩股而增加股本溢价

18. 东盛集团的子公司——华丰公司,以账面价值为 500 万元、公允价值为 800 万元的一块土地使用权作为对价,取得同一集团内另一子公司——乙公司 60% 的股权。假定无相关税费。合并日被合并企业的账面所有者权益总额为 750 万元。假定合并当日华丰公司账上的资本公积只有 37.5 万元,盈余公积结存额为 60 万元,未分配利润为 40 万元。则华丰公司应冲减盈余公积( )万元。

A. 12.5   B. 40

C. 60   D. 37.5

19. 华丰公司对华兴公司进行投资,持股 40%,并对华兴公司有重大影响。截止到 2008 年年末,该项长期股权投资账户余额为 680 万元,2008 年年末,该项投资的减值准备余额为 12 万元,B 公司 2008 年发生亏损 2 000 万元。2008 年年末,华丰公司"长期股权投资"账户的余额应为( )万元。

A. 0   B. 15

C. -20   D. -5

20. 2007 年 7 月 1 日,华丰公司购入乙公司普通股股票 20 万股并采用成本法核算。乙公司于 2008 年 3 月 1 日宣告发放 2007 年度现金股利,每股分派现金股利 0.5 元。乙公司在 2007 年度的每股盈余为 0.4 元,假设利润比较均衡,则华丰公司确认的投资收益为( )万元。

    A. 10   B. 2

    C. 8   D. 4

二、多项选择题

1. 在权益法下,下列各项中,投资企业不需要进行会计处理的有( )。

    A. 因被投资单位重大会计差错、会计政策变更而调整前期留存收益

    B. 被投资单位提取法定盈余公积

    C. 因被投资单位产生股本溢价

    D. 因被投资单位以盈余公积转增资本、盈余公积弥补亏损

2. 华丰公司采用成本法核算对乙公司的长期股权投资,华丰公司对乙公司投资的账面余额只有在发生( )的情况下,才应作相应的调整。

    A. 追加投资

    B. 收回投资

    C. 被投资企业接受非现金资产捐赠

    D. 对该股权投资计提减值准备

3. 当投资企业对被投资单位( ),并且在活跃市场中没有报价、公允价值不能可靠计量的,长期股权投资应采用成本法核算。

    A. 不具有共同控制   B. 不具有控制

    C. 不具有重大影响   D. 能够实施控制

4. 下列各项中,属于权益法下计算长期股权投资账面余额时应当考虑的明细账户有( )。

A. "长期股权投资——成本"

B. "长期投资减值准备"

C. "长期股权投资——损益调整"

D. "长期股权投资——其他权益变动"

5. 下列各项中,可能记入投资收益账户核算的有( )。

　　A. 期末长期股权投资账面价值大于可收回金额的差额

　　B. 处置长期股权投资时,结转的资本公积——股权投资准备

　　C. 长期股权投资采用权益法下被投资方宣告分派的现金股利

　　D. 长期股权投资采用成本法下被投资方宣告分派的现金股利

6. 在权益法下,下列事项中,会引起长期股权投资账面价值发生增减变动的有( )。

　　A. 收到股份有限公司发放的现金股利

　　B. 获得股份有限公司分派的股票股利

　　C. 处置长期股权投资

　　D. 投资后,被投资企业因执行新的会计制度而追溯计提了无形资产减值准备

7. 在权益法下,以下事项发生后,投资企业需要进行账务处理的有( )。

　　A. 被投资单位提取法定盈余公积、任意盈余公积

　　B. 被投资单位因增资扩股增加的股本溢价

　　C. 被投资单位以资本公积转增股本

　　D. 被投资企业因会计政策变更调整投资前留存收益

8. 在成本法下,长期股权投资取得后,下列情形中,投资企业的长期股权投资账面价值保持不变的有( )。

　　A. 被投资企业年末实现利润

　　B. 被投资企业所有者权益其他发生增减变动

　　C. 被投资企业发放股票股利

　　D. 投资企业追加投资或收回投资

9. 在权益法下,投资企业投资后,因被投资单位会计政策变更、会计差错等原因,而调整投资时点后有关账户的,投资企业可能调整的长期股权投资账户有(　　)。

　　A. "投资收益"

　　B. "长期股权投资——×公司(成本)"

　　C. "长期股权投资——×公司(其他权益变动)"

　　D. "长期股权投资——×公司(损益调整)"

10. 企业收到发放的现金股利时,可以借记"银行存款"账户,贷记(　　)账户。

　　A. "投资收益"　　　　　　　　B. "应收股利"

　　C. "营业外收入"　　　　　　　D. "应收利息"

三、判断题

1. 在权益法下,投资企业应于被投资单位宣告分派利润时,按持有表决权资本比例计算应分得的利润,确认投资收益,并调整长期股权投资的账面价值。　　　　　　　　　　　　　　　　　　(　　)

2. 采用权益法核算长期股权投资的处置,应结转原计入资本公积的相关金额。借记"资本公积——股权投资准备"账户,贷记"资本公积——其他资本公积"账户。　　　　　　　　　　　　　(　　)

3. 投资企业收到被投资单位分派的股票股利时,只会引起股份数量的变化,不会引起所有者权益金额的变化,所以,除权日投资企业应在备查账簿中登记收到的股票数量。　　　　　　　　　(　　)

4. 投资企业确认被投资单位发生净亏损,应当以长期股权投资的账面价值以及其他实质上构成对被投资单位净投资的长期权益减记至零为限。　　　　　　　　　　　　　　　　　　(　　)

5. 同一控制下的企业合并形成的长期股权投资,合并方以支付现金、转让非现金资产或承担债务方式作为合并对价的,应当在合并日按照取得被合并方所有者权益公允价值的份额作为长期股权投资的初始

投资成本。　　　　　　　　　　　　　　　　　　（　　）

6. 在成本法下,长期股权投资如果没有分派现金股利,则不需要确认投资收益,如果分派现金股利,则直接冲减投资成本。（　　）

7. 在确定能否对被投资单位实施控制或施加重大影响时,应当考虑投资企业和其他方持有的被投资单位当期可转换公司债券、当期可执行认股权证等潜在表决权因素。　　　　　　　　　（　　）

四、计算分析题

1. 华丰公司对科达公司投资业务的有关资料如下:

(1) 2006 年 3 月 1 日,华丰公司以银行存款 400 万元购入科达公司 20% 的股份,另支付相关税费 2 万元。华丰公司对科达公司的财务和经营决策具有重大影响,并准备长期持有该股份。2006 年 3 月 1 日,科达公司的可辨认净资产的公允价值为 1 830 万元。

(2) 2006 年 5 月 1 日,科达公司宣告分派 2005 年度利润 20 万元。

(3) 2006 年 6 月 10 日,华丰公司收到科达公司分派的现金股利。

(4) 2006 年度,科达公司实现净利润 80 万元。2006 年年初,科达公司营销部门用的一台设备公允价值为 160 万元,账面价值为 120 万元。截至 2006 年年初,固定资产的预计使用年限为 10 年,净残值为零,按照直线法计提折旧。

(5) 2007 年 5 月 2 日,科达公司召开股东大会,审议董事会于 2007 年 4 月 1 日提出的 2006 年度利润分配方案。审议通过的利润分配方案为:按净利润的 10% 提取法定盈余公积;按净利润的 5% 提取任意盈余公积;不分配现金股利。该利润分配方案于当日对外公布。科达公司董事会原提交股东大会审议的利润分配方案为:按净利润的 10% 提取法定盈余公积;按净利润的 5% 提取任意盈余公积;分配现金股利 20 万元。

(6) 2007 年,科达公司发生净亏损 100 万元。

（7）2007 年 12 月 31 日,由于科达公司当年发生亏损,华丰公司对科达公司投资的预计可收回金额降至 358.2 万元。

要求：编制华丰公司对科达公司长期股权投资的会计分录（单位：万元）。

2. 华丰公司 2005～2008 年投资业务的有关资料如下：

（1）2005 年 11 月 1 日,华丰公司与科达公司签订股权转让协议。该股权转让协议规定,华丰公司收购科达公司股份总额的 30%且能对科达公司实施重大影响,收购价格为 81 万元,收购价款于协议生效后以银行存款支付;该股权协议生效日为 2005 年 12 月 31 日。该股权转让协议于 2005 年 12 月 25 日分别经华丰公司和科达公司临时股东大会审议通过,并依法报经有关部门批准。

（2）2006 年 1 月 1 日,科达公司股东权益总额公允价值为 240 万元,其中股本为 120 万元,资本公积为 30 万元,未分配利润为 90 万元（均为 2005 年度实现的净利润）。

（3）2006 年 1 月 1 日,科达公司董事会提出 2005 年利润分配方案。该方案如下;按实现净利润的 10%提取法定盈余公积;不分配现金股利。

（4）2006 年 1 月 1 日,华丰公司以银行存款支付收购股权价款 81 万元,并办理了相关的股权划转手续。

（5）2006 年 5 月 1 日,科达公司股东大会通过 2002 年度利润分配方案。该分配方案如下:按实现净利润的 10%提取法定盈余公积;分配现金股利 60 万元。

（6）2006 年 6 月 5 日,华丰公司收到科达公司分派的现金股利。

（7）2006 年 6 月 12 日,科达公司因结转专项应付款,科达公司由此确认的资本公积为 24 万元,并进行了相应的会计处理。

（8）2006 年度,科达公司实现净利润 120 万元。

（9）2007 年 5 月 4 日,科达公司股东大会通过 2006 年度利润分配方案。该方案如下:按实现净利润的 10%提取法定盈余公积;不分配现金股利。

（10）2007 年度,科达公司发生净亏损 60 万元。

（11）2007 年 12 月 31 日,华丰公司对科达公司投资的预计可收回金额为 76.2 万元。

（12）2008 年 1 月 5 日,华丰公司将其持有的科达公司股份全部对外转让,转让价款 75 万元,相关的股权划转手续已办妥,转让价款已存入银行,假定华丰公司在转让股份过程中没有发生相关税费。

为简化核算,企业持有的对联营企业的投资,应享有被投资单位净利润的份额即投资收益,按照被投资单位的账面净利润(净亏损)与持股比例计算的结果简单确定。

要求:

（1）确定华丰公司收购科达公司股权交易中的股权转让日。

（2）编制华丰公司上述经济业务有关的会计分录(单位:万元)。

参 考 答 案

一、单项选择题

1. C　2. C　3. C　4. C　5. D　6. B　7. B　8. B　9. C　10. C　11. A　12. A　13. C　14. D　15. B　16. D　17. A　18. A　19. B　20. D

二、多项选择题

1. BD　2. AB　3. ACD　4. ACD　5. BD　6. CD　7. BD　8. ABC　9. CD　10. AB

三、判断题

1. ×　2. ×　3. ✓　4. ×　5. ×　6. ×　7. ×

四、计算分析题

1.（1）借：长期股权投资——科达公司　　　　　402

　　　　贷：银行存款　　　　　　　　　　　　402

　（2）借：应收股利　　　　　　　　　　　　4

　　　　贷：长斯股权投资——科达公司　　　　4

　（3）借：银行存款　　　　　　　　　　　　4

　　　　贷：应收股利　　　　　　　　　　　　4

　（4）科达公司的账面净利润调整为公允口径。

$$80-(160-120)\div10=76（万元）$$

$$华丰公司的投资收益=76\times20\%=15.2（万元）$$

会计分录如下：

　　借：长期股权投资——科达公司　　　　　15.2

　　　贷：投资收益　　　　　　　　　　　　15.2

　（5）华丰公司对此无账务处理。

　（6）借：投资收益　　　　　　　　　　　　20

　　　　贷：长期股权投资——科达公司　　　　20

　（7）2007 年年末。

　　长期股权投资的账面余额$=402-4+15.2-20=393.2（万元）$

　　应提取减值准备$=393.2-358.2=35（万元）$

会计分录如下：

　　借：资产减值损失　　　　　　　　　　　35

　　　贷：长期股权投资减值准备　　　　　　35

2.（1）华丰公司收购科达公司股权交易中的"股权转让日"为 2006 年 1 月 1 日。

　（2）① 借：长期股权投资——科达公司（投资成本）　　81

　　　　　贷：银行存款　　　　　　　　　　　　　　81

②借：应收股利　　　　　　　　　　　　　　　18

　　　贷：长期股权投资——科达公司（投资成本）　　　　18

③借：银行存款　　　　　　　　　　　　　　　18

　　　贷：应收股利　　　　　　　　　　　　　　　18

④借：长期股权投资——科达公司（其他权益变动）　　7.2

　　　贷：资本公积——其他资本公积　　　　　　　　7.2

⑤借：长期股权投资——科达公司（损益调整）　　　36

　　　贷：投资收益　　　　　　　　　　　　　　　36

⑥借：投资收益　　　　　　　　　　　　　　　18

　　　贷：长期股权投资——科达公司（损益调整）　　18

⑦借：资产减值损失　　　　　　　　　　　　　12

　　　贷：长期股权投资减值准备　　　　　　　　　12

⑧借：银行存款　　　　　　　　　　　　　　75.0

　　　长期股权投资减值准备　　　　　　　　　12.0

　　　投资收益　　　　　　　　　　　　　　　1.2

　　　贷：长期股权投资——科达公司（投资成本）　　63.0

　　　　　　　　——科达公司（损益调整）　　　　18.0

　　　　　　　　——科达公司（其他权益变动）　　7.2

　借：资本公积——其他资本公积　　　　　　　7.2

　　　贷：投资收益　　　　　　　　　　　　　　　7.2

第六章 固定资产

一、单项选择题

1. 红星企业对生产线进行扩建。该生产线原价为 180 万元,已提折旧 50 万元,已计提减值准备 20 万元,扩建生产线时发生扩建支出 50 万元,同时处理废料发生变价收入 3 万元。该生产线新的入账价值应为( )万元。

    A. 157   B. 160

    C. 180   D. 177

2. 红星企业某项固定资产的原值为 40 000 元,预计净残值率为 1%,预计使用年限为 10 年,在使用 6 年零 5 个月后售出,其间曾大修理停用 3 个月,售出时的账面净值为( )元。

    A. 14 590   B. 15 580

    C. 14 190   D. 15 180

3. 大华企业 2008 年 6 月期初固定资产原值 10 500 万元。6 月增加了一项固定资产入账价值为 750 万元,同时 6 月减少了固定资产原值 150 万元;则 6 月份该企业应提折旧的固定资产原值为( )万元。

    A. 11 100   B. 10 650

    C. 10 500   D. 10 350

4. 利华企业出售一建筑物,账面原价 210 万元,已提折旧 21 万元,出售时发生清理费用 2.1 万元,出售价格 205.8 万元。销售不动产的营业税税率为 5%,该企业出售此建筑物发生的净损益为( )万元。

A. 4.515　　　　　　　　B. 4.41

C. 14.7　　　　　　　　D. 16.8

5. 华丰企业的某项固定资产原价为 100 万元,采用年限平均法计提折旧,使用寿命为 10 年,预计净残值为零,在第 5 年年初企业对该项固定资产的某一主要部件进行更换,发生支出合计 50 万元,符合固定资产确认条件,被更换的部件的原价为 40 万元。则该固定资产经更换部件后的原价为(　　)万元。

A. 86　　　　　　　　B. 110

C. 84　　　　　　　　D. 74

6. 华丰公司为增值税一般纳税人,采用自营方式建造一条生产线,实际领用工程物资 234 万元(含增值税)。另外领用本公司所生产的产品一批,账面价值为 240 万元,该产品适用的增值税税率为 17%,计税价格为 260 万元;发生的在建工程人员工资和应付福利费分别为 130 万元和 18.2 万元。假定该生产线已达到预定可使用状态;不考虑除增值税以外的其他相关税费。该生产线的入账价值为(　　)万元。

A. 622.2　　　　　　　　B. 648.2

C. 666.4　　　　　　　　D. 686.4

7. 大华企业 2007 年 11 月 1 日购入一项固定资产。该固定资产原价为 498 万元,预计使用年限为 5 年,预计净残值为 5 万元,按双倍余额递减法计提折旧。该固定资产 2008 年应计提的折旧额是(　　)万元。

A. 98.6　　　　　　　　B. 119.52

C. 185.92　　　　　　　　D. 192.56

8. 在建工程项目达到预定可使用状态前,试生产产品对外出售取得的收入应(　　)。

A. 冲减工程成本　　　　　　B. 计入营业外收入

C. 冲减营业外支出　　　　　　D. 计入其他业务收入

9. 红星企业某设备的账面原价为 8 万元,预计使用年限为 5 年,

预计净残值为 0.5 元,按年数总和法计提折旧。该设备在第 3 年应
提的折旧额为( )万元。

    A. 1.5   B. 3

    C. 1   D. 0.5

10. 下列固定资产中,应计提折旧的是( )。

    A. 未提足折旧提前报废的房屋 B. 闲置的房屋

    C. 已提足折旧继续使用的房屋 D. 经营租赁租入的房屋

11. 某大型生产线达到预定可使用状态前进行联合试车发生的费
用,应记入的会计账户是( )。

    A. "长期待摊费用"   B. "营业外支出"

    C. "在建工程"   D. "管理费用"

12. 某企业自建厂房一幢,耗用工程物资 117 000 元,领用本企业
的产品一批,实际成本为 117 000 元,税务部门确定的计税价格为
20 000元,增值税税率 17%,工程人员应计工资 20 000 元,其他费用
10 000元,专门借款利息 2 000 元,其中按规定应予资本化的利息 1 000
元,该厂房的实际成本为( )元。

    A. 191 290   B. 189 060

    C. 191 400   D. 189 400

13. 下列各项中,属于不计提折旧的固定资产是( )。

    A. 未使用的房屋

    B. 已提足折旧继续使用的固定资产

    C. 行政管理部门使用的设备

    D. 以经营租赁方式租出的固定资产

14. 在不考虑固定资产减值准备的情况下,下列各项折旧方法中,
每期折旧额均相等的折旧方法是( )。

    A. 工作量法   B. 双倍余额递减法

    C. 年数总和法   D. 年限平均法

15. 某企业同时购入液晶彩电和笔记本电脑各一台,电脑和彩电

未单独标价。增值税专用发票上注明的总买价 22 000 元,增值税 3 740 元,共同发生的运输费 234 元。无其他支出。购买时,液晶彩电的公允价值 15 400 元,笔记本电脑 8 000 元。则液晶彩电的入账价值是( )元。

  A. 15 400   B. 14 476

  C. 17 094   D. 16 940

16. 固定资产处置净损失属于生产经营期间正常的处理损失,应借记( )账户。

  A. "长期待摊费用"

  B. "营业外支出——非常损失"

  C. "营业外支出——非流动资产处置损失"

  D. "固定资产清理"

17. 下列各项固定资产中,不应计提折旧的是( )。

  A. 季节性停用的固定资产

  B. 按规定单独估价作为固定资产入账的土地

  C. 不需用的设备

  D. 经营租赁方式租出的电脑

18. 计提固定资产折旧的方法中,一般应在固定资产折旧年限到期前两年内,将固定资产账面净值扣除预计净残值后的净额平均摊销的方法是( )。

  A. 工作量法   B. 双倍余额递减法

  C. 年数总和法   D. 平均年限法

19. 租入固定资产改良支出,应在( )的期限内摊销。

  A. 租赁期限与租赁资产尚可使用年限两者孰短

  B. 租赁期限

  C. 租赁资产尚可使用年限

  D. 租赁期限与租赁资产尚可使用年限两者孰长

20. 下列各项固定资产中,不应计提折旧的是( )。

    A. 季节性停用的固定资产

    B. 未使用的房屋

    C. 不需用的设备

    D. 以经营租赁方式租入的电脑

二、多项选择题

1. 下列说法中,正确的有(　　　)。

    A. 购置的不需要经过建造过程即可使用的固定资产,按实际支付的买价、包装费、运输费、安装成本、交纳的有关税金等,作为入账价值

    B. 自行建造的固定资产,按建造该项资产达到预定可使用状态前所发生的全部支出,作为入账价值

    C. 投资者投入的固定资产,按投资方原账面价值作为入账价值

    D. 融资租入的固定资产按租赁开始日租赁资产的公允价值与最低租赁付款额的现值两者中较低者作为入账价值

2. 下列固定资产中,不需要计提折旧的有(　　　)。

    A. 已提足折旧仍继续使用的固定资产

    B. 单独作价入账的土地

    C. 以融资租赁方式租入的设备

    D. 以经营租赁方式租入的固定资产

3. 下列各项中,有关融资租入固定资产折旧的表述中,正确的有(　　　)。

    A. 应采用与自有资产相一致的折旧政策

    B. 应采用与自有资产不相一致的折旧政策

    C. 应根据租赁合同有关规定确定折旧期间

    D. 不必根据租赁合同有关规定确定折旧期间

4. 下列固定资产中,企业应当计提折旧并将折旧额记入"管理费

用"账户的有( )。

 A. 车间未使用的固定资产

 B. 车间不再需用的固定资产

 C. 行政管理部门使用的固定资产

 D. 以经营租赁方式出租的固定资产

5. 下列各类机器设备,应计提折旧的有( )。

 A. 融资租入的机器设备

 B. 经营租入的机器设备

 C. 已季节性停用的机器设备

 D. 已提足折旧继续使用的机器设备

6. 下列各项中,应计入固定资产成本的有( )。

 A. 固定资产进行日常修理发生的人工费用

 B. 固定资产安装过程中领用原材料所负担的增值税

 C. 固定资产达到预定可使用状态后发生的专门借款利息

 D. 固定资产达到预定可使用状态前发生的工程物资盘亏净损失

7. 下列各项中,会引起固定资产账面价值发生变化的有( )。

 A. 计提固定资产减值准备 B. 计提固定资产折旧

 C. 固定资产改扩建 D. 固定资产大修理

8. 下列各项中,在计提固定资产折旧时,需要考虑固定资产净残值的折旧方法为( )。

 A. 平均年限法 B. 工作量法

 C. 双倍余额递减法 D. 年数总和法

9. 当已计提减值准备的固定资产价值得以恢复时,则下列关于该固定资产已计提减值准备的说法中,不正确的有( )。

 A. 全部转回 B. 部分转回

 C. 转回一半 D. 保持不变

10. 下列事项中,固定资产计价符合新会计准则规定的有( )。

A. 以分期付款方式购买的固定资产,其入账成本应以总价款的折现值认定

B. 接受投资方式下,按投资方的账面价值加上相关税费作为固定资产的入账成本

C. 以非货币性资产交换方式换入的固定资产,当该交易具有商业实质而且换出资产的公允价值能够可靠计量时,其入账成本应以换出资产的公允价值加计相关税费减去收到的补价(或加上支付的补价)来认定

D. 债务重组方式换入的固定资产按债权的账面价值加上相关税费作为其入账成本

11. 下列各项固定资产中,属于计提折旧范围的有(　　)。

A. 融资租入的设备　　　　　　B. 季节性停用的设备

C. 未使用的固定资产　　　　　D. 不需用的固定资产

12. 固定资产清理后的净收益可能贷记(　　)账户。

A. "长期待摊费用"　　　　　　B. "以前年度损益调整"

C. "营业外收入"　　　　　　　D. "管理费用"

13. 企业自营工程领用本企业原材料时,应借记"在建工程"账户,贷记(　　)账户。

A. "应交税费——应交增值税(销项税额)"

B. "原材料"

C. "材料成本差异"

D. "应交税费——应交增值税(进项税额转出)"

14. 下列各项中,属于外购固定资产成本构成内容的有(　　)。

A. 购买价款　　　　　　　　　B. 相关税费

C. 使固定资产达到预定可使用状态前所发生的可直接归属于该项资产的运输费

D. 使固定资产达到预定可使用状态前所发生的可直接归属于该项资产的专业人员服务费

15. 下列各项中,可以表示固定资产的使用寿命的有( )。

    A. 企业使用固定资产的实际期间

    B. 该固定资产所能生产产品的数量

    C. 该固定资产所能提供劳务的数量

    D. 企业使用固定资产的预计期间

16. 下列各项中,应在期末结账前处理完毕的经济业务事项有( )。

    A. 固定资产报废   B. 固定资产毁损

    C. 固定资产盘亏   D. 固定资产盘盈

17. 下列各项中,属于使用中固定资产的有( )。

    A. 因季节性经营而暂时停止使用的固定资产

    B. 出租给其他单位使用的固定资产

    C. 因改、扩建而暂停使用的固定资产

    D. 内部替换使用的固定资产

三、判断题

1. 自行建造固定资产达到预定可使用状态前,该项目的工程物资盘盈应当计入当期营业外收入。 ( )

2. 固定资产大修理费用应当作为费用化的后续支出进行处理。

( )

3. 固定资产从划归为持有待售之日起停止计提折旧和减值测试。

( )

4. 固定资产终止确认的条件共有两个:一是该固定资产处于处置状态;二是预期不能带来经济利益。只要满足其中之一的,应当予以终止确认。 ( )

5. 在建工程达到预定可使用状态前试运转所发生的净支出,应计入营业外支出。 ( )

6. 已提足折旧仍在使用的固定资产,不再计提折旧。 ( )

7. 以经营租赁方式租出的固定资产,应由承租方计提该项固定资产折旧。　　　　　　　　　　　　　　　　　　　　　（　　）

8. 融资租入的固定资产均应当按租赁期与固定资产尚可使用年限两者中较短的一个计提折旧。　　　　　　　　　　　　　　（　　）

9. 已达到预定可使用状态、但在年度内尚未办理竣工决算手续的固定资产,应按估计价值暂估入账,但不计提折旧。　　　　（　　）

10. 为建造固定资产而发生的债券发行费用大于发行期间冻结资金利息收入的差额,应按照借款费用资本化的处理原则核算。（　　）

11. 备品备件和维修设备通常确认为存货,但某些备品备件和维修设备需要与相关固定资产组合发挥效用,如民用航空运输企业的高价周转件应当确认为固定资产。　　　　　　　　　　　　　（　　）

12. 如为非正常原因造成的报废或毁损,或工程项目全部报废或毁损的,应将其净损失列入营业外支出。　　　　　　　　　（　　）

13. 单项或单位工程报废或毁损的净损失在工程项目尚未达到预定可使用状态时,计入工程成本。　　　　　　　　　　　　（　　）

14. 不仅未使用、不需用的房屋、建筑物应计提折旧,而且其他未使用、不需用的固定资产也应计提折旧。　　　　　　　（　　）

15. 以经营租赁方式租入的设备应计提折旧。　　　　　（　　）

16. 投资者投入的固定资产,其成本一律按照投资合同或协议约定的价值确定。　　　　　　　　　　　　　　　　　　　（　　）

17. 固定资产的应计折旧额始终不变。　　　　　　　　（　　）

18. 已达到预定可使用状态、但尚未办理竣工决算的固定资产,不必计提折旧。　　　　　　　　　　　　　　　　　　　（　　）

19. 已达到预定可使用状态、但尚未办理竣工决算的固定资产,应计提折旧;待办理竣工决算手续后,再按实际成本调整原来的暂估价值,同时调整原已计提的折旧额。　　　　　　　　　　　（　　）

20. 固定资产的账面价值是固定资产的账面余额扣减累计折旧和累计减值准备后的金额。　　　　　　　　　　　　　　　（　　）

21. 已计提减值准备的固定资产,应当按照该项资产的账面价值以及尚可使用寿命重新计算确定折旧率和折旧额。 (　　)

四、计算分析题

1. 2008 年 1 月 1 日,华丰公司自胜利公司购入一台生产用设备,价款为 2 000 万元,假定无相关税费。双方约定分三次结算货款,2008 年年末支付 800 万元,2009 年年末支付 600 万元,2010 年年末支付 600 万元。2008 年年初,该设备的现销价为 1 600 万元,假定无相关税费。华丰公司购入该设备后采用直线法提取折旧,折旧期为 10 年,净残值率为 2%。

要求:根据上述资料,作出华丰公司 2008~2010 年的会计处理(单位:万元)。

2. 万达公司 2006~2010 年与固定资产有关的业务资料如下:

(1) 2006 年 12 月 12 日,万达公司购进一台不需要安装的设备,取得的增值税专用发票上注明的设备价款为 700 万元,增值税额为 119 万元,另发生运输费 3 万元,款项以银行存款支付;没有发生其他相关税费。该设备于当日投入使用,预计使用年限为 10 年,预计净残值为 30 万元,采用直线法计提折旧。

(2) 2007 年 12 月 31 日,万达公司在对该设备进行检查时发现其已经发生减值,预计可收回金额为 642 万元;计提减值准备后,该设备原预计使用年限、预计净残值、折旧方法保持不变。

(3) 2008 年 12 月 31 日,万达公司因生产经营方向调整,决定采用出包方式对该设备进行改良;改良工程验收合格后支付工程价款。该设备于当日停止使用,开始进行改良。

(4) 2009 年 3 月 12 日,改良工程完工并验收合格,万达公司以银行存款支付工程总价款 50 万元。当日,改良后的设备投入使用,预计尚可使用年限为 8 年,采用直线法计提折旧,预计净残值为 32 万元。2007 年 12 月 31 日,该设备未发生减值。

（5）2010 年 12 月 31 日,该设备因遭受自然灾害发生严重毁损,万达公司决定进行处置,取得残料变价收入 20 万元、保险公司赔偿款 60 万元,发生清理费用 6 万元;款项均以银行存款收付,不考虑其他相关税费。

要求（单位:万元）:

（1）编制 2006 年 12 月 12 日取得该设备的会计分录。

（2）计算 2007 年度该设备计提的折旧额。

（3）计算 2007 年 12 月 31 日该设备计提的固定资产减值准备,并编制相应的会计分录。

（4）计算 2008 年度该设备计提的折旧额。

（5）编制 2008 年 12 月 31 日该设备转入改良时的会计分录。

（6）编制 2009 年 3 月 12 日支付该设备改良价款、结转改良后设备成本的会计分录。

（7）计算 2010 年度该设备计提的折旧额。

（8）计算 2010 年 12 月 31 日处置该设备实现的净损益。

（9）编制 2010 年 12 月 31 日处置该设备的会计分录。

3. 华丰公司与乙公司签订了设备租赁协议,双方约定,自 2006 年 12 月 31 日,华丰公司租赁某设备 4 年,每年年末支付租金 30 万元,该设备出租时的公允价值和账面价值均为 100 万元。预计租期届满时资产余值为 20 万元,由华丰公司的母公司担保 6 万元,由担保公司担保 10 万元,华丰公司在租期届满时将返还该设备,设备用于生产部门。假定没有初始直接费用。合同约定的年利率为 10%;华丰公司采用实际利率法分摊租金费用。采用直线法计提折旧。

要求:根据上述资料,作出华丰公司有关租赁的会计处理（单位:万元）。

4. 2007 年 1 月,红星企业发生下列与固定资产有关的交易或事项:

（1）根据"固定资产折旧计算表",确定车间使用的机器设备计提折旧 53 万元(不包括当月报废的一台机器),行政管理部门办公设备计提折旧 17.4 万元,专设的销售机构设备计提的折旧 11.2 万元;厂房计提的折旧 30.4 万元,办公用房计提的折旧 12.6 万元,销售门店计提的折旧 7 万元;管理部门用车辆计提的折旧 2.4 万元,专设的销售机构用运输工具计提的折旧 5.6 万元;当月报废机器一台,按平均年限法计提折旧,月计提的折旧额 0.4 万元;当月购进一台不需安装的机器一台,价值 10 万元,预计使用寿命 10 年,预计净残值 1 万元,按平均年限法计提折旧。

(2) 当月车间机器设备维修使用原材料 0.2 万元,修理工人因修理而发生的薪酬 0.1 万元。当月请外单位专业维修队维修厂房发生修理费 0.6 万元,增值税专用发票上注明的增值税额 0.102 万元;维修行政管理部门办公用房发生修理费 0.4 万元,增值税专用发票上注明的增值税额 0.068 万元。专设的销售机构使用的运输车辆发生的小修理费用 0.2 万元,增值税专用发票上注明的增值税额 0.034 万元。所有外修的费用均通过银行支付。

(3) 在财产清查过程中,盘盈数字机床一台,市场上全新的数字机床的价格 50 万元,该盘盈的数字机床的估计成新率 80%(假定与其计税基础不存在差异),按规定该盘盈的机床按前期差错处理。假定红星企业适用的所得税税率为 25%,按净利润的 10% 提取法定盈余公积。同时盘亏冷暖设备一台,原价 30 万元,已提折旧 13 万元。该台盘亏的冷暖设备在报经批准后作为红星企业损失处理。

要求:编制红星企业计提固定资产折旧、发生固定资产修理费用、固定资产盘盈盘亏的会计分录(单位:万元)。

参 考 答 案

一、单项选择题

1. A　2. A　3. C　4. B　5. A　6. C　7. D　8. A　9. A

10. B 11. C 12. D 13. B 14. D 15. C 16. C 17. B
18. B 19. A 20. D

二、多项选择题

1. ABD 2. AD 3. AC 4. ABC 5. AC 6. BD 7. ABC
8. ABD 9. ABC 10. AC 11. ABCD 12. CD 13. BCD
14. ABCD 15. BCD 16. CD 17. ABD

三、判断题

1. × 2. √ 3. √ 4. √ 5. × 6. √ 7. × 8. ×
9. × 10. √ 11. √ 12. √ 13. √ 14. √ 15. × 16. ×
17. × 18. × 19. × 20. √ 21. √

四、计算分析题

1. (1) 2008 年 1 月 1 日购入该设备。

借：固定资产　　　　　　　　　　　　　　　　　1 600
　　未确认融资费用　　　　　　　　　　　　　　　400
　　贷：长期应付款　　　　　　　　　　　　　　　　　2 000

(2) 计算内含利率。

设内含利率为 i，则该利率应满足如下等式：

$$1\,600 = 800 \times (1+i) + 600 \times (1+i)^2 + 600 \times (1+i)^3$$

当 $i = 12\%$ 时：

折现值 $= 800 \times (1+i) + 600 \times (1+i)^2 + 600 \times (1+i)^3 = 1\,619.68$（万元）

当 $i = 13\%$ 时：

折现值 $= 800 \times (1+i) + 600 \times (1+i)^2 + 600 \times (1+i)^3 = 1\,593.68$（万元）

所以，i 应介于 12% 与 13% 之间，采用内插法推算如下：

$$\frac{i - 12\%}{13\% - 12\%} = \frac{1\,600 - 1\,619.68}{1\,593.68 - 1\,619.68}$$

$i=12.75\%$

（3）每年利息费用的计算如下表。

日　期	年初本金 ①	当年利息费用 ②＝①×12.75％	当年还款额 ③	当年还本额 ④＝③－②
2008 年 12 月 31 日	1 600.00	204.06	800.00	595.94
2009 年 12 月 31 日	1 004.00	128.06	600.00	471.94
2010 年 12 月 31 日	532.14	67.86	600.00	532.14

（4）2008 年年末支付设备款并认定利息费用。

借：财务费用　　　　　　　　　　　　　　　204.06

　　贷：未确认融资费用　　　　　　　　　　204.06

借：长期应付款　　　　　　　　　　　　　　800

　　贷：银行存款　　　　　　　　　　　　　800

（5）2009 年年末支付设备款并认定利息费用。

借：财务费用　　　　　　　　　　　　　　　128.06

　　贷：未确认融资费用　　　　　　　　　　128.06

借：长期应付款　　　　　　　　　　　　　　600

　　贷：银行存款　　　　　　　　　　　　　600

（6）2010 年年末支付设备款并认定利息费用。

借：财务费用　　　　　　　　　　　　　　　67.86

　　贷：未确认融资费用　　　　　　　　　　67.86

借：长期应付款　　　　　　　　　　　　　　600

　　贷：银行存款　　　　　　　　　　　　　600

（7）2008～2010 年期间每年计提折旧的处理。

借：制造费用　　　　　　　　　　　　　　　156.8

　　贷：累计折旧　　　　　　　　　　　　　156.8

2.（1）借：固定资产　　　　　　　　　　　822

　　　　贷：银行存款　　　　　　　　　　　822

（2）2007 年度该机器设备折旧额＝（822－30）÷10＝79.2（万元）

（3）2007 年 12 月 31 日该设备
计提的固定资产减值准备＝（822－79.2）－642＝100.8（万元）

借：资产减值损失　　　　　　　　　　　　　　　100.8

　　贷：固定资产减值准备　　　　　　　　　　　　　　　100.8

（4）2008 年度该设备计提的折旧额＝（642－30）÷9＝68（万元）

（5）借：在建工程　　　　　　　　　　　　　　　　574.0

　　　　累计折旧　　　　　　　　　　　　　　　　147.2

　　　　固定资产减值准备　　　　　　　　　　　　100.8

　　　　贷：固定资产　　　　　　　　　　　　　　　　　822.0

（6）借：在建工程　　　　　　　　　　　　　　　　50

　　　　贷：银行存款　　　　　　　　　　　　　　　　　50

　　　　借：固定资产　　　　　　　　　　　　　　　624

　　　　贷：在建工程　　　　　　　　　　　　　　　　　624

（7）2010 年度该设备计提的折旧额＝（624－32）÷8＝74（万元）

（8）2010 年 12 月 31 日
该设备处置净损失＝624－55.5－74－20－60＋6＝420.5（万元）

（9）借：固定资产清理　　　　　　　　　　　　　　494.5

　　　　累计折旧　　　　　　　　　　　　　　　　129.5

　　　　贷：固定资产　　　　　　　　　　　　　　　　　624.0

　　　　借：银行存款　　　　　　　　　　　　　　　80

　　　　贷：固定资产清理　　　　　　　　　　　　　　　80

　　　　借：固定资产清理　　　　　　　　　　　　　6

　　　　贷：银行存款　　　　　　　　　　　　　　　　　6

　　　　借：营业外支出　　　　　　　　　　　　　　420.5

　　　　贷：固定资产清理　　　　　　　　　　　　　　　420.5

3. 承租方的会计处理。

（1）首先认定租赁的性质。

最低租赁付款额的折现值＝30×3.1699＋6×0.6830＝99.195＞

100×90％,所以该租赁是融资租赁。

（2）确认租赁固定资产的入账价值。应以最低租赁付款额的折现值与原租赁资产的账面价值中的较低者作为入账价值。会计分录如下：

借：固定资产——融资租入固定资产　　　　　　　　　99.195

　　未确认融资费用　　　　　　　　　　　　　　　　26.805

　贷：长期应付款　　　　　　　　　　　　　　　　　　126.000

（3）分摊未确认融资费用。

未确认融资费用的分摊表

日　　　期	实际利息费用	支付的租金	③归还的本金	④尚余的负债本金
	①＝④×10％	②	③＝②－①	期末④＝期初④－③
2000 年 12 月 31 日				99.1950
2001 年 12 月 31 日	9.9195	30.0000	20.0805	79.1145
2002 年 12 月 31 日	7.9115	30.0000	22.0886	57.0260
2003 年 12 月 31 日	5.7026	30.0000	24.2974	32.7285
2004 年 12 月 31 日	3.2715⑥	30.0000	26.7285⑤	6.0000

备注：⑤ 26.7285＝32.7285－6；⑥ 3.2715＝30＝⑤。

每年分摊未确认融资费用的分录：

2007 年 12 月 31 日：

借：财务费用　　　　　　　　　　　　　　　　　　　9.9195

　贷：未确认融资费用　　　　　　　　　　　　　　　　9.9195

支付租金时：

借：长期应付款　　　　　　　　　　　　　　　　　　　30

　贷：银行存款　　　　　　　　　　　　　　　　　　　　30

2008 年年末、2009 年年末、2010 年年末的账务处理与上述基本相同。

（4）融资租入固定资产折旧的处理。

华丰公司每年应提折旧额＝(99.195－6)÷4＝23.29875(万元)

借：制造费用	23.29875
贷：累计折旧	23.29875

（5）华丰公司在租期届满时返还设备。

借：累计折旧	93.195
长期应付款	6.000
贷：固定资产——融资租入固定资产	99.195

4.（1）计提固定资产折旧的处理。

应记入"制造费用"账户的折旧额＝53＋30.4＋0.4＝83.8(万元)

应记入"管理费用"账户的折旧额＝17.4＋12.6＋2.4＝32.4(万元)

应记入"管理费用"账户的折旧额＝11.2＋7＋5.6＝23.8(元)

借：制造费用	83.8
管理费用	32.4
销售费用	23.8
贷：累计折旧	140.0

（2）发生修理费用的处理。

按规定,基本生产车间发生的固定资产修理费不符合资本化条件的也应计入管理费用。因此,应记入"管理费用"账户的修理费包括机器设备、厂房的修理费用和行政管理部门办公用房的修理费用,其金额为 1.3 万元(0.2＋0.1＋0.6＋0.4)(不包括可抵扣的增值税进项税额);销售机构运输工具的修理费用计入销售费用,其金额为 0.2 万元,不包括可抵扣的增值税进项税额;可抵扣的进项税额为 0.204 万元(0.102＋0.068＋0.034)。会计分录如下:

借：管理费用   1.300

  销售费用   0.200

  应交税费——应交增值税（进项税额）   0.204

  贷：原材料   0.200

    银行存款   1.404

    应付职工薪酬   0.100

（3）固定资产清查的处理。

1）盘盈机床的处理：

① 确定盘盈的机床，计入以前年度损益调整：

借：固定资产（50×80％）   40

  贷：以前年度损益调整   40

② 确定应交纳的所得税：

$$应交纳的所得税＝40×25％＝10（万元）$$

借：以前年度损益调整   10

  贷：应交税费——应交所得税   10

③ 确定应计提的法定盈余公积：

$$应计提的法定盈余公积＝（40－10）×10％＝3（万元）$$

借：以前年度损益调整   3

 贷：盈余公积   3

④ 结转未分配利润：

$$未分配利润＝30－3＝27（万元）$$

借：以前年度损益调整   27

  贷：利润分配——未分配利润   27

2）盘亏冷暖设备的处理：

① 结转入"待处理财产损溢"账户：

　　　　借：待处理财产损溢　　　　　　　　　　　　　17

　　　　　　累计折旧　　　　　　　　　　　　　　　13

　　　　　　贷：固定资产　　　　　　　　　　　　　　　　30

　② 经批准转作损失：

　　借：营业外支出　　　　　　　　　　　　　　　　17

　　　　贷：待处理财产损溢　　　　　　　　　　　　　　　17

第七章 无形资产

一、单项选择题

1. 宏大公司于 2006 年 1 月 1 日购入专利权，支付价款 225 万元，法律规定年限为 5 年。2007 年 12 月 31 日，由于与该无形资产相关的经济因素发生不利变化，致使其发生减值，宏大公司估计可收回金额为 90 万元，计提无形资产减值准备。则 2008 年摊销额为（　　）万元。

    A. 30   B. 45

    C. 18   D. 32.14

2. 由投资者投资转入无形资产，应按合同或协议约定的价值，借记"无形资产"账户，按其在注册资本中所占的份额，贷记"实收资本"账户，按其差额记入的账户是（　　）。

    A. "资本公积——资本溢价"   B. "营业外收入"

    C. "资本公积——其他资本公积"

    D. "营业外支出"

3. 宏大公司 2003 年 1 月 1 日购入一项无形资产。该无形资产的实际成本为 100 万元，摊销年限为 10 年。2007 年 12 月 31 日，该无形资产发生减值，预计可收回金额为 36 万元。计提减值准备后，该无形资产原摊销年限不变。2008 年 12 月 31 日，该无形资产的摊余价值为（　　）万元。

    A. 54   B. 42.8

    C. 40   D. 28.8

4. 宏大企业有一项专利权，原价为 10 万元，有效使用期限为 5

年;企业在使用 2 年后将其对外出售,取得转让收入 8 万元。宏大企业除转让收入按 5% 缴纳营业税外无其他支出,则宏大企业转让该项专利权能使其税前利润增加( )万元。

    A. 2   B. —2.4

    C. 1.6   D. 7.6

  5. 下列支出中,不应确认为无形资产的是( )。

    A. 支付的土地使用权出让金

    B. 由于技术先进掌握了生产诀窍而获得的商誉

    C. 自行开发才依法取得专利权发生的注册费和律师费

    D. 吸收投资取得的专利权

  6. 宏大公司 2008 年 1 月 1 日某项无形资产的账面余额为 18 万元,剩余摊销年限为 8 年,相关"无形资产减值准备"账户余额为 0.4 万元;2008 年年末,经过测算,该项无形资产公允价值减去处置费用的净额为 14.4 万元;若持续使用该无形资产,可获得的未来现金流量现值为 14 万元。据此计算,宏大公司 2008 年年末对该项无形资产计提的减值准备为( )万元。

    A. 0.95   B. 0.1

    C. 1.35   D. 1.4

  7. 当无形资产预期不能为企业带来经济利益时,应当将该项无形资产的账面价值全部转入( )账户。

    A. "销售费用"   B. "累计摊销"

    C. "管理费用"   D. "营业外支出"

  8. 企业在摊销无形资产时,应该借记"管理费用"等账户,贷方对应的账户是( )。

    A. "投资收益"   B. "累计摊销"

    C. "营业收入"   D. "无形资产"

  9. 下列各项中,有关无形资产转让的会计处理正确的是( )。

    A. 转让无形资产使用权所取得的收入应计入营业外收入

B. 转让无形资产所有权所取得的收入应计入其他业务收入

C. 转让无形资产所有权所发生的支出应计入其他业务成本

D. 转让无形资产所有权所发生的支出应计入营业外支出

10. 某企业自创一项专利，并经过有关部门审核注册，获得其专利权。该项专利权的研究开发费为90万元，其中开发阶段符合资本化条件的支出48万元；发生的注册登记费用12万元，律师费用6万元。该项专利权的入账价值为（　　）万元。

A. 90　　　　　　　　B. 126

C. 66　　　　　　　　D. 108

11. 下列各项中，企业计提的无形资产摊销应贷记的账户是（　　）。

A. "无形资产"　　　　B. "累计折旧"

C. "累计摊销"　　　　D. "长期待摊费用"

12. 企业已经开发无形资产发生的研发支出，满足资本化条件的，在研究开发项目达到预定用途形成无形资产时，应借记账户的是（　　）。

A. "研发支出（资本化支出）"

B. "研发支出（费用化支出）"

C. "管理费用"　　　　D. "无形资产"

13. 企业已计提减值准备的无形资产的应摊销金额为（　　）。

A. 无形资产的成本扣除预计残值后的金额

B. 无形资产的成本

C. 无形资产的成本扣除预计残值和当期计提的无形资产减值准备金额后的差额

D. 无形资产的成本扣除预计残值和已计提的无形资产减值准备累计金额后的差额

14. 企业使用寿命有限的无形资产应当自（　　）起开始摊销。

A. 购买当月　　　　　B. 购买的次月

C. 可供使用当月　　　　　　　D. 可供使用的次月

15. 企业选择无形资产的摊销方法,应当反映与该无形资产有关的( )。

　　A. 经济利益的预期实现方式　　B. 无形资产的类别

　　C. 无形资产的成本　　　　　　D. 无形资产的取得方式

16. 企业处置无形资产,应当将取得的价款超过该无形资产的账面价值以及出售相关税费后的差额记入的账户是( )。

　　A. "营业外收入"　　　　　　B. "营业外支出"

　　C. "其他业务收入"　　　　　D. "其他业务成本"

17. 企业处置无形资产,应当将( )计入营业外收入或营业外支出。

　　A. 取得的价款

　　B. 取得的价款扣除该无形资产的账面价值的差额

　　C. 取得的价款扣除该无形资产的账面余额的差额

　　D. 取得的价款扣除该无形资产的账面价值以及出售相关税费后的差额

18. 企业无形资产的账面价值是指无形资产的( )。

　　A. 账面余额扣减累计摊销后的金额

　　B. 账面余额扣减累计摊销和当期计提的减值准备后的金额

　　C. 账面余额扣减当期摊销和当期计提的减值准备后的金额

　　D. 账面余额扣减累计摊销和累计减值准备后的金额

19. 企业计提的无形资产减值准备应当( )。

　　A. 借记"管理费用"账户,贷记"无形资产"账户

　　B. 借记"资产减值损失"账户,贷记"无形资产减值准备"账户

　　C. 借记"管理费用"账户,贷记"无形资产减值准备"账户

　　D. 借记"资产减值损失"账户,贷记"无形资产"账户

20. 企业在筹建期间发生的开办费应记入( )账户。

　　A. "管理费用"　　　　　　　B. "长期待摊费用"

  C. "待摊费用"   D. "销售费用"

二、多项选择题

1. 下列各项中,说法正确的有( )。

  A. 无形资产的后续支出计入当期损益

  B. 自行开发并依法申请取得前发生的无形资产研究费用于发生时确认为当期费用

  C. 企业获得超额收益能力时说明商誉存在,因此作为无形资产入账

  D. 企业取得的土地使用权支付的土地出让金应记入"无形资产"账户

2. 下列各项中,符合无形资产特征的有( )。

  A. 不具有实物形态   B. 具有可辨认性

  C. 属于非货币性资产   D. 使用年限 1 年以上

3. 下列各项中,关于无形资产的叙述正确的有( )。

  A. 确认的无形资产必须满足三个条件:符合无形资产的定义、该资产产生的经济利益很可能流入企业、该资产的成本能够可靠地计量

  B. 购置的无形资产应以实际支付的价格作为入账价值

  C. 自行开发并依法申请取得的无形资产,其入账价值为开发和申请过程中发生的所有支出

  D. 投资者投入的无形资产,应以投资各方确认的价值作为入账价值

4. 下列各项中,属于无形资产的有( )。

  A. 专利权   B. 非专利技术

  C. 商标权   D. 著作权

  E. 商誉

5. 下列各项中,提法正确的有( )。

A. 无形资产可以采用直线法以外的方法进行摊销

B. 无形资产应自取得次月起进行摊销

C. 所有无形资产都应该进行摊销

D. 无形资产应采用账面价值与可收回金额孰低法进行期末计价

6. 下列各项中,有关无形资产的会计处理不正确的有( )。

A. 转让无形资产使用权所取得的收入应计入其他业务收入

B. 使用寿命确定的无形资产摊销只能采用直线法

C. 转让无形资产所有权所发生的支出应计入营业外支出

D. 使用寿命不确定的无形资产既不应摊销也不考虑减值

7. 下列各项中,有关无形资产会计核算的表述符合企业会计准则规定的有( )。

A. 无形资产后续支出,应在发生时确认为当期费用

B. 自用的无形资产,其摊销的价值应计入当期管理费用

C. 出租的无形资产,其摊销的价值应计入其他业务成本

D. 出售无形资产所得价款与其账面价值之间的差额,应计入当期损益

8. 企业内部研究开发项目开发阶段的支出,同时满足下列( )条件的,才能确认为无形资产。

A. 归属于该无形资产开发阶段的支出能够可靠地计量

B. 有足够的技术、财务资源和其他资源支持,以完成该无形资产的开发,并有能力使用或出售该无形资产

C. 具有完成该无形资产并使用或出售的意图

D. 完成该无形资产以使其能够使用或出售在技术上具有可行性

9. 下列各项中,会引起无形资产账面价值发生增减变动的有( )。

A. 对无形资产计提减值准备　　B. 发生无形资产后续支出

C. 摊销无形资产　　　　　　　D. 转让无形资产所有权

10. 下列各项中,属于无形资产主要特点的有(   )。

    A. 不具有实物形态

    B. 给企业带来的未来经济利益具有不确定性

    C. 具有可辨认性

    D. 属于非货币性资产

11. 下列各项中,属于无形资产的有(   )。

    A. 专利权   B. 土地使用权

    C. 商誉   D. 著作权

12. 下列各项中,企业计提的无形资产的摊销可借记的账户有(   )。

    A. "营业外支出"   B. "制造费用"

    C. "管理费用"   D. "其他业务成本"

13. 下列各项中,属于购入土地使用权成本的有(   )。

    A. 购买该土地使用权的价款

    B. 因购买该土地使用权而发生的印花税

    C. 因购买该土地使用权而发生的培训费

    D. 因购买该专利权而发生的契税

14. 企业的一项研究开发项目达到预定用途形成无形资产(企业已经将研究开发的成果申请取得了一项专利权),该项专利权的成本包括(   )。

    A. 研究阶段研究人员的职工薪酬

    B. 开发阶段所使用开发设备的折旧费

    C. 依法取得时发生的注册费

    D. 开发阶段发生的材料费用

15. 下列各项中,企业摊销长期待摊费用时,应记入的账户有(   )。

    A. "管理费用"   B. "制造费用"

    C. "销售费用"   D. "财务费用"

三、判断题

1. 企业应将土地使用权作为无形资产核算,待实际开发时一次性地将账面价值结转到自建项目的工程成本。 （　　）

2. 如果无形资产在某个会计期间发生减值,则该期应当先计提减值准备,再进行本期摊销。 （　　）

3. 企业应将其所拥有的一切专利权都予以资本化,作为无形资产核算。 （　　）

4. 企业无形资产的后续支出应区分不同情况在发生当期确认为资本化或计入当期损益。 （　　）

5. 企业当月增加的无形资产当月开始摊销,当月减少的无形资产当月不再摊销。 （　　）

6. 企业至少应当于每年年度终了,对无形资产的使用寿命及摊销方法进行复核,如果有证据表明无形资产的使用寿命及摊销方法不同于以前的估计,则应于修改并按会计估计变更原则进行会计处理。 （　　）

7. 由于出售无形资产属于企业的日常活动,因此出售无形资产所取得的收入应通过"其他业务收入"账户核算。 （　　）

8. 企业对自创并按法律程序申请取得的无形资产,根据历史成本原则,应将发生的全部费用予以资本化。 （　　）

9. 企业接受投资者投入的无形资产,一般情况下按投资各方确认的价值入账。如果因首次发行股票而接受投资,则按该无形资产在投资方的账面价值入账。 （　　）

10. 企业已计入各期费用的研究开发费用,在该项无形资产获得成功并依法申请专利时,再将原已计入费用的研究开发费用予以资本化。 （　　）

四、计算分析题

1. 宏大企业于 2006 年 1 月 1 日外购非生产用 HR 无形资产,实际支付的价款为 50 万元。宏大企业估计 HR 无形资产尚可使用年限为 5 年。2007 年 12 月 31 日,由于与 HR 无形资产相关的经济因素发生不利变化,致使 HR 无形资产发生价值减值。宏大企业估计其可收回金额 9 万元。2009 年 1 月 1 日,将该无形资产对外出售,取得价款 25 万元并收存银行,营业税率为 5%。假定不考虑其他相关税费的影响。

要求:编制宏大企业从无形资产购入到无形资产出售相关业务的会计分录(单位:万元)。

2. 宏大公司 2004～2009 年无形资产业务有关的资料如下:

(1) 2004 年 11 月 1 日,以银行存款 90 万元购入一项无形资产,其中相关税费 6 万元。该无形资产的预计使用年限为 10 年。

(2) 2007 年 12 月 31 日,预计该无形资产的可收回金额为 205 万元。该无形资产发生减值后,原预计使用年限不变。

(3) 2007 年 12 月 31 日,预计该无形资产的可收回金额为 70 万元,调整该无形资产减值准备后,原预计使用年限不变。

(4) 2009 年 6 月 16 日,将该无形资产对外出售,取得价款 150 万元并收存银行,营业税率为 5%。

要求:根据上面的业务,写出无形资产减值准备计算过程,并作出相关会计处理(单位:万元)。

3. 红星企业内部开展一项研究开发项目,预计该项研究开发项目会形成无形资产。该项研究开发项目在研究阶段发生研究设备的折旧费 60 万元,研究人员的职工薪酬 150 万元,耗用材料 30 万元,该批材料购入时发生的增值税进项税额 5.1 万元,以银行存款支付购入相关技术费用 60 万元。研究阶段于 2007 年 12 月结束。自 2008 年 1 月开始进入开发阶段。该项研究开发项目开发阶段使用设备的折旧费 90 万元,以银行存款支付产品设计费用 75 万元,开发人员的职工薪酬 180 万元,耗用材料 60 万元,该批材料购入时发生的增值税进项税额 10.2 万元,申请专利时以银行存款支付注册费 15 万元,支付聘请律师费用 19.8 万元。2006 年 7 月 18 日,该研究开发项目达到预定用途形成一项专利权。该专利权用于产品生产,预计使用寿命 5 年,预计残值视为零,采用直线法进行摊销。2008 年 11 月 10 日,企业将该项专利权出租给另一企业使用,每月的租金 18 万元,于每月的最后一天通过银行转账支付,两月的租金都已收妥。

要求(单位:万元):

(1) 编制各项研发支出发生时的会计分录。

(2) 编制期末结转费用化的研发支出的会计分录。

(3) 编制形成无形资产时结转资本化的研发支出的会计分录。

(4) 编制 2006 年各月该项专利权摊销的会计分录和确认专利权租金收入的会计分录。

参 考 答 案

一、单项选择题

1. A 2. A 3. B 4. C 5. B 6. B 7. D 8. B 9. D
10. C 11. C 12. D 13. D 14. C 15. A 16. A 17. D
18. D 19. B 20. A

二、多项选择题

1. BD 2. ABC 3. AB 4. ABCD 5. AD 6. BD 7. CD
8. ABCD 9. ABCD 10. ACD 11. ABD 12. BCD 13. ABCD
14. BCD 15. ABC

三、判断题

1. × 2. × 3. × 4. √ 5. √ 6. √ 7. × 8. ×
9. × 10. ×

四、计算分析题

1.

（1）2006 年 1 月 1 日购入。

借：无形资产	50
贷：银行存款	50

（2）2006 年摊销。

宏大企业估计 HR 无形资产预计使用年限为 5 年，因此，应按 5 年进行摊销。

借：管理费用	10
贷：累计摊销	10

（3）2007 年摊销。

借：管理费用	10
贷：累计摊销	10

（4）2007 年计提减值准备。

借：资产减值损失	21
贷：无形资产减值准备	21

（5）2008 年摊销。

借：管理费用	3
贷：累计摊销	3

（6）2009 年 1 月 1 日出售。

借：银行存款	25.00
累计摊销	23.00
无形资产减值准备	21.00
贷：无形资产	50.00
应交税费——应交营业税	1.25
营业外收入	17.75

2. (1) 2004 年 11 月 1 日购入。

借：无形资产 90

　　贷：银行存款 90

2004 年 12 月 31 日摊销。

$$90÷10÷12×2=1.5(万元)$$

借：管理费用 1.5

　　贷：累计摊销 1.5

(2) 2007 年 12 月 31 日计提减值准备。

$$\text{计提无形资产减值准备}=[90-1.5-(90÷10)×3]-41=20.5(万元)$$

借：资产减值损失 20.5

　　贷：无形资产减值准备 20.5

(3) 2008 年计提无形资产摊销额。

借：管理费用 6

　　贷：累计摊销 6

计提的无形资产减值准备：

2008 年 12 月 31 日无形资产的账面价值=41-6=35(万元)

无形资产的可收回金额=14(万元)

计提无形资产减值准备=35-14=21(万元)

借：资产减值损失 21

　　贷：无形资产减值准备 21

(4) 2009 年 1～5 月。

$$\text{该无形资产的摊销额}=[14÷(10×12-2-4×12)]×5=1(万元)$$

2009 年 5 月 31 日。

$$
\begin{aligned}
\text{该无形资产的累计摊销额}&=(90÷10)×(2÷12)+(90÷10)×3+\\
&\quad[41÷(10×12-2-3×12)]×12+\\
&\quad[14÷(10×12-2-4×12)]×5=\\
&\quad1.5+27+6+1=35.5(万元)
\end{aligned}
$$

无形资产出售的会计分录如下：

借：银行存款	30.0
累计摊销	35.5
无形资产减值准备	41.5
贷：无形资产	90.0
应交税费——应交营业税	1.5
营业外收入	15.5

3.（1）各项研发支出发生。

借：研发支出——费用化支出	300
贷：累计折旧	60
应付职工薪酬	150
原材料	30
银行存款	60

须注意,研究阶段的研发支出应在发生时作为费用化的支出入账,期末结转到当期"管理费用"账户;研究阶段耗用的原材料,其购入时支付的增值税进项税额不得转出。

借：研发支出——资本化支出	450.0
贷：累计折旧	90.0
应付职工薪酬	180.0
原材料	60.0
应交税费——应交增值税（进项税额转出）	10.2
银行存款	109.8

（2）期末结转费用化的研发支出。

| 借：管理费用 | 300 |
| 　贷：研发支出——费用化支出 | 300 |

（3）形成无形资产时结转资本化的研发支出。

2008 年 7 月结转资本化的研发支出的会计分录：

| 借：无形资产 | 450 |
| 　贷：研发支出——资本化支出 | 450 |

(4) 2008 年各月该项专利权摊销和确认专利权租金收入。

该项专利权应于 2008 年 7 月开始摊销,7~10 月用于生产本企业产品,其摊销额应记入"制造费用"账户。所以 2008 年 7~10 月各月摊销无形资产时的会计分录如下:

借:制造费用   7.5

  贷:累计摊销   7.5

由于 11 月已将该项专利权出租,所以其摊销额应记入"其他业务成本"账户。11 月、12 月的会计分录如下:

借:其他业务成本   7.5

  贷:累计摊销   7.5

11 月、12 月确认租金收入的会计分录如下:

借:银行存款   18

  贷:其他业务收入   18

第八章　投资性房地产

一、单项选择题

1. 投资性房地产不论是成本模式计量还是公允价值模式计量,取得的租金收入均通过( )账户核算。

    A. "营业外收入"　　　　　　B. "投资收益"

    C. "其他业务成本"　　　　　　D. "其他业务收入"

2. 自用房地产或存货转换为采用公允价值模式计量的投资性房地产,投资性房地产应当按照转换当日的公允价值计量。转换当日的公允价值大于原账面价值的,其差额计入所有者权益。处置该项投资性房地产时,原计入所有者权益的部分应当转入( )账户核算。

    A. "营业外收入"　　　　　　B. "投资收益"

    C. "利润分配"　　　　　　D. "其他业务收入"

3. 自用房地产转换为采用公允价值模式计量的投资性房地产,投资性房地产应当按照转换当日的公允价值计量。转换当日的公允价值大于原账面价值的,其差额通过( )账户核算。

    A. "营业外收入"　　　　　　B. "公允价值变动损益"

    C. "资本公积"　　　　　　D. "其他业务收入"

4. 下列项目中,不属于投资性房地产的是( )。

    A. 已出租的建筑物

    B. 持有并准备增值后转让的土地使用权

    C. 已出租的土地使用权

    D. 持有并准备增值后转让的房屋建筑物

5. 企业对成本模式进行后续计量的投资性房地产摊销时,应该借记( )账户。

    A. "投资收益"   B. "其他业务成本"

    C. "营业外收入"   D. "管理费用"

6. 企业通常应当采用( )对投资性房地产进行后续计量。

    A. 成本模式   B. 公允价值模式

    C. 成本模式或公允价值模式   D. 重置成本模式

7. 存货转换为采用公允价值模式计量的投资性房地产,投资性房地产应当按照转换当日的公允价值计量。转换当日的公允价值小于原账面价值的,其差额通过( )账户核算。

    A. "营业外支出"   B. "公允价值变动损益"

    C. "投资收益"   D. "其他业务收入"

二、多项选择题

1. 下列各项中,属于投资性房地产特征的有( )。

    A. 为生产商品、提供劳务、出租或经营管理而持有的

    B. 使用寿命超过一个会计年度

    C. 目的是为赚取租金或资本增值

    D. 能够单独计量和出售

2. 下列各项中,属于投资性房地产的有( )。

    A. 已出租的建筑物

    B. 持有并准备增值后转让的土地使用权

    C. 已出租的土地使用权

    D. 持有并准备增值后转让的房屋建筑物

3. 下列各项中,关于出租的建筑物和土地使用权是否属于投资性房地产的叙述正确的有( )。

    A. 已出租的建筑物是以经营租赁(含融资租赁)方式出租的建筑物

  B. 已出租的建筑物是指企业拥有产权的建筑物

  C. 用于出租的土地使用权是指企业通过出让方式取得的土地使用权

  D. 用于出租的土地使用权包括企业通过无偿划拨方式取得的土地使用权

 4. 投资性房地产转换为其他资产或者将其他资产转换为投资性房地产,关于转换日确定的叙述正确的有(　　　)。

  A. 投资性房地产开始自用,转换日是指房地产达到自用状态,企业开始将房地产用于生产商品、提供劳务或者经营管理的日期

  B. 作为存货的房地产改为出租,或者自用建筑物或土地使用权停止自用改为出租,转换日应当为租赁期开始日

  C. 自用土地使用权停止自用,改为用于资本增值,转换日是指停止将该项土地使用权用于生产商品、提供劳务或经营管理,且该土地使用权能够单独计量和转让的日期

  D. 作为存货的房地产改为出租,或者自用建筑物或土地使用权停止自用改为出租,转换日应当为租赁开始日

 5. 下列各项中,关于投资性房地产的后续计量模式的叙述正确的有(　　　)。

  A. 通常应当采用成本模式进行计量

  B. 只有符合规定条件的,可以采用公允价值模式进行计量

  C. 同一企业只能采用一种模式对所有投资性房地产进行后续计量,不得同时采用两种计量模式

  D. 成本模式可转为公允价值模式

三、判断题

 1. 同一企业可以同时采用两种计量模式对投资性房地产进行后续计量。　　　　　　　　　　　　　　　　　　　(　　　)

2. 一项房地产,部分用于赚取租金或资本增值,部分用于生产商品、提供劳务或经营管理,用于赚取租金或资本增值的部分,如果能够分别计量和出售的,也就是说自用部分和投资部分的成本能够单独分清,投资部分能单独出售,可随时交割产权,可以确认为投资性房地产。 （　　）

3. 企业代建的房地产,收入和费用的确认和计量适用《企业会计准则——投资性房地产》。 （　　）

4. 成本模式转为公允价值模式应当作为会计估计变更,采用未来适用法进行处理。 （　　）

5. 由于已经采用公允价值计量并将公允价值变动计入损益,所以不再进行减值测试,不计提减值准备。 （　　）

6. 企业持有并准备增值后转让的房屋建筑物属于投资性房地产。
（　　）

7. 企业出租给本企业职工居住的宿舍,具有自用房地产的性质,所以不属于投资性房地产。 （　　）

8. 企业拥有并自行经营的旅馆饭店,属于投资性房地产。（　　）

9. 房地产的转换是指已被确认为投资性房地产的后续计量模式的改变。 （　　）

10. 对于有确凿证据表明可以采用公允价值模式计量的投资性房地产,在首次执行日可以按照公允价值进行计量,并且账面价值与公允价值的差额不需要调整留存收益。 （　　）

四、计算分析题

1. 黄河公司 2007 年 10 月 1 日建成一幢楼房,建造成本 9 000 万元,当日与两公司签订了租赁协议,租期为 10 年,年租金为 360 万元,租金于每年年末结清。按照当地的房地产交易市场的价格体系,该房产 2007 年年末的公允价值为 9 600 万元,2007 年年末的公允价值为 9 360 万元。2008 年 1 月 1 日以 9 200 万元的价格对外转让该房产,营业税税率为 5%,假设不考虑其他相关税费。

要求:对该投资性房地产的取得及处置进行账务处理(单位:万元)。

2. 红星公司于 1996 年 12 月 31 日购置并投入使用的一栋办公楼,建筑面积 1 000 平方米,价格 1 000 万元。折旧年限 50 年,到 2006 年 12 月 31 日已累计折旧 200 万元。红星公司于 2007 年 1 月 1 日将该办公楼对外出租,同地段的房地产在房地产交易所的交易价格为每平方米 40 000 元。2007 年 12 月 31 日同地段的房地产在房地产交易所的交易价格为每平方米 82 000 元。2008 年 4 月 1 日,红星公司将该办公楼在房地产交易所出售,成交价每平方米 80 000 元,营业税按 5% 计算,并且已由房地产交易所代扣,实际收到金额 7 600 万元。为举例简便,假设不考虑其他相关税费。

要求:对该办公楼转换为投资性房地产以及处置投资性房地产的账务进行处理(单位:万元)。

3. 黄河公司将其一栋写字楼租赁给乙公司使用,并一直采用成本模式进行后续计量。2008 年 1 月 1 日,黄河公司认为,出租给乙公司使用的写字楼,其所在地的房地产交易市场比较成熟,具备了采用公允价值模式计量的条件,决定对该项投资性房地产从成本模式转换为公允价值模式计量。该写字楼的原造价为 9 000 万元,已计提折旧 200 万元,账面价值为 8 800 万元。2008 年 1 月 1 日,该写字楼的公允价值为 9 500 万元。假设黄河公司按净利润的 10% 计提盈余公积。

要求:作出黄河公司的账务处理(单位:万元)。

参 考 答 案

一、单项选择题

1. D 2. D 3. C 4. D 5. B 6. A 7. B

二、多项选择题

1. CD 2. ABC 3. BC 4. ABC 5. ABCD

三、判断题

1. × 2. √ 3. × 4. × 5. √ 6. × 7. √ 8. ×
9. × 10. ×

四、计算分析题

1. （1）该投资性房地产的入账成本＝9 000（万元）

（2）取得该楼房时。

借：投资性房地产——成本	9 000
贷：在建工程	9 000

（3）2007 年年末取得租金时。

借：银行存款	90
贷：其他业务收入	90

（4）2007 年年末当房产的公允价值达到 9 600 万元时。

借：投资性房地产——公允价值变动	600
贷：公允价值变动损益	600

（5）2008 年年末取得租金时。

借：银行存款	360
贷：其他业务收入	360

（6）2008 年年末当房产的公允价值达到 9 360 万元时。

借：公允价值变动损益	240
贷：投资性房地产——公允价值变动	240

（7）2009 年 1 月 1 日以 9 200 万元价格转让该房产，营业税税

率5%。

借：银行存款　　　　　　　　　　　　　　　　9 200
　　贷：其他业务收入　　　　　　　　　　　　　　9 200
借：其他业务成本　　　　　　　　　　　　　　9 360
　　贷：投资性房地产——成本　　　　　　　　　　9 000
　　　　　　　　——公允价值变动　　　　　　　　　360
借：营业税金及附加　　　　　　　　　　　　　　460
　　贷：应交税费——应交营业税　　　　　　　　　460
借：公允价值变动损益　　　　　　　　　　　　　360
　　贷：其他业务收入　　　　　　　　　　　　　　360

2. （1）2006 年 1 月 1 日，将自用建筑物转换为投资性房地产。

借：投资性房地产——成本　　　　　　　　　　4 000
　　累计折旧　　　　　　　　　　　　　　　　　200
　　贷：固定资产　　　　　　　　　　　　　　　1 000
　　　　资本公积——其他资本公积　　　　　　　　3 200

（2）2007 年 12 月 31 日。

借：投资性房地产——公允价值变动　　　　　　4 200
　　贷：公允价值变动损益　　　　　　　　　　　　4 200

（3）2008 年 4 月 1 日。

借：银行存款　　　　　　　　　　　　　　　　7 600
　　应交税费——应交营业税　　　　　　　　　　400
　　贷：其他业务收入　　　　　　　　　　　　　　8 000
借：其他业务成本　　　　　　　　　　　　　　8 200
　　贷：投资性房地产——成本　　　　　　　　　　4 000
　　　　　　　　——公允价值变动　　　　　　　　4 200
借：营业税金及附加　　　　　　　　　　　　　　400
　　贷：应交税费——应交营业税　　　　　　　　　400

借：公允价值变动损益 4 200

　　贷：其他业务收入 4 200

借：资本公积 3 200

　　贷：其他业务收入 3 200

3. 黄河公司的账务处理。

借：投资性房地产——写字楼（成本） 9 500

　　投资性房地产累计折旧 200

贷：投资性房地产——写字楼 9 000

　　利润分配——未分配利润 630

　　盈余公积 70

第九章 非货币性资产交换

一、单项选择题

1. 甲公司发生的下列非关联交易中,属于非货币性资产交换的是( )。

    A. 以公允价值为 52 万元的固定资产换入乙公司账面价值为 64 万元的无形资产,并支付补价 12 万元

    B. 以账面价值为 56 万元的固定资产换入丙公司公允价值为 40 万元的一项专利权,并收到补价 16 万元

    C. 以公允价值为 64 万元的长期股权投资换入丁公司账面价值为 92 万元的短期股票投资,并支付补价 28 万元

    D. 以账面价值为 84 万元、准备持有至到期的长期债权投资换入戊公司公允价值为 78 万元的一台设备,并收到补价 6 万元

2. 胜利公司用一台已使用 2 年的 X 设备从海洋公司换入一台 Y 设备,支付清理费 1 万元,从海洋公司收取补价 3 万元。X 设备的账面原价为 50 万元,原预计使用年限为 5 年,原预计净残值为 5%,并采用双倍余额递减法计提折旧,未计提减值准备;Y 设备的账面原价为 24 万元,已提折旧 3 万元。置换时,X、Y 设备的公允价值分别为 25 万元和 22 万元。该交换不具有商业实质,且假定不考虑其他税费。胜利公司换入 Y 设备的入账价值为( )万元。

    A. 16.84   B. 16

    C. 18.24   D. 20

3. 下列项目中,属于货币性资产的是(　　　)。

    A. 对没有市价的股票进行的投资

    B. 对有市价的股票进行的投资

    C. 不准备持有至到期的债券投资

    D. 准备持有至到期的债券投资

4. 东方公司 2003 年 12 月 1 日以一栋建筑物换入一台设备和一辆汽车。换出建筑物的账面原价为 300 万元,已计提折旧为 180 万元,未计提减值准备,公允价值为 150 万元。换入生产设备和汽车的账面价值分别为 90 万元和 60 万元,其公允价值分别为 100 万元和 50 万元。该交换不具有商业实质,且假定不考虑相关税费。东方公司换入设备的入账价值为(　　　)万元。

    A. 72   B. 5

    C. 40   D. 56

5. 东方公司用一台已使用 2 年的甲设备从海河公司换入一台乙设备,支付甲设备的清理费用 1 万元,并支付补价款 3 万元。甲设备的账面原价为 50 万元,预计使用年限为 5 年,预计净残值率为 5%,并采用双倍余额递减法计提折旧,未计提减值准备;乙设备的账面原价为 30 万元,已提折旧 3 万元。置换时,甲、乙设备的公允价值分别为 25 万元和 28 万元,该交换具有商业实质,且假定不考虑相关税费。东方公司换入乙设备的入账价值为(　　　)万元。

    A. 22   B. 23.6

    C. 28   D. 32

6. 大华公司以一栋办公楼换入一台生产设备和一辆汽车。换出办公楼的账面原价为 60 万元,已计提折旧为 36 万元,未计提减值准备,公允价值为 30 万元。换入生产设备和汽车的账面价值分别为 18 万元和 12 万元,公允价值分别为 20 万元和 10 万元。该交换具有商业实质,且假定不考虑相关税费。该公司换入汽车的入账价值为(　　　)万元。

A. 6　　　　　　　　　B. 10

C. 8　　　　　　　　　D. 11.2

7. X公司本期以自产A产品交换Y公司的B产品,X公司的A产品成本300万元,公允价值和计税价格均为270万元,已计提存货跌价准备30万元。Y公司的B产品成本230万元,公允价值和计税价格均为280万元,消费税税率5%,交换过程中X公司向Y公司支付补价10万元。该交换不具有商业实质,且假定不考虑其他税费。X公司换入B产品的入账价值是(　　)万元。

A. 278.30　　　　　　　B. 271.70

C. 276.80　　　　　　　D. 249.81

8. 利华公司以一栋厂房和一项土地使用权换入乙公司持有的对丙公司的长期股权投资。换出厂房的账面原价为1 000万元,已计提折旧300万元,已计提减值准备100万元,公允价值为700万元;土地使用权的账面余额为900万元,未计提减值准备,公允价值为700万元。该交换具有商业实质,且假定不考虑相关税费,利华公司换入的对丙公司的长期股权投资的入账价值为(　　)万元。

A. 1 400　　　　　　　B. 1 500

C. 2 000　　　　　　　D. 2 100

9. 利华公司以一台固定资产换入乙公司的一项长期股权投资。换出固定资产的账面原价为1 200万元,已计提折旧50万元,未计提减值准备,公允价值为1 250万元;长期股权投资的账面价值为1 320万元,未计提减值准备,公允价值为1 200万元;乙公司另外向利华公司支付现金50万元。假定该交换不具有商业实质,且不考虑相关税费,利华公司应就此项非货币性资产交换确认的非货币性资产交换收益(损失以负数表示)为(　　)万元。

A. -5　　　　　　　　B. -2.8

C. 2.08　　　　　　　D. 0

10. 利华公司以一台设备换入乙公司的一辆小轿车,该设备的账面原值为 50 万元,公允价值为 35 万元,累计折旧为 20 万元;乙公司小轿车的公允价值为 30 万元,账面原值为 35 万元,已提折旧 3 万元。双方协议,乙公司支付利华公司 3 万元补价。利华公司未对该设备计提减值准备。假设交易具有商业实质,换入、换出资产的公允价值均能可靠地计量,则利华公司确认的损益为( )万元。

  A. 3   B. 5

  C. 12   D. 0

二、多项选择题

1. 甲企业以固定资产换入乙企业的库存商品 X 和 Y。已知固定资产的账面余额为 300 000 元,已提固定资产减值准备 5 000 元,其公允价值 330 000 元,库存商品 X 的账面成本为 40 000 元,公允价值 50 000元,库存商品 Y 的账面成本为 200 000 元,公允价值 180 000 元,增值税税率 17%,计税价格等于公允价值;假设未计提存货跌价准备,甲企业换入的库存商品作存货管理。在交换中甲企业支付给乙企业现金 8 000 元,交换具有商业实质,且不考虑其他税费。下列表述正确的有( )。

  A. 库存商品的入账价值 298 900 元

  B. 库存商品 X 的入账价值 64 978.26 元

  C. 库存商品 Y 的入账价值 233 921.74 元

  D. 确认营业外收入 30 000 元

2. 下列各项中,表述符合"换入资产或换出资产公允价值能够可靠计量"条件的有( )。

  A. 换入资产或换出资产存在活跃市场

  B. 换入资产或换出资产不存在活跃市场、但同类或类似资产存在活跃市场

  C. 换入资产或换出资产不存在同类或类似资产的可比市场交易,应当采用估值技术确定其公允价值。该公允价值估计

数的变动区间很小,或者在公允价值估计数变动区间内,各种用于确定公允价值估计数的概率能够合理确定的

    D. 能采用估值技术计算

3. 非货币性资产交换具有商业实质,且公允价值能够可靠计量的,关于换出资产公允价值与其账面价值的差额处理正确的有( )。

    A. 换出资产为存货的,应当视同销售处理,根据企业会计准则的规定,按其公允价值确认商品销售收入,同时结转商品销售成本

    B. 换出资产为固定资产、无形资产的,换入资产公允价值和换出资产账面价值的差额,计入营业外收入或营业外支出

    C. 换出资产为固定资产、无形资产的,换入资产公允价值和换出资产账面价值的差额,计入或冲减资产减值损失

    D. 换出资产为长期股权投资、可供出售金融资产的,换入资产公允价值和换出资产账面价值的差额,计入资本公积

4. 在收到补价的具有商业实质,并且公允价值能够可靠计量的非货币性资产交换业务中,如果换入单项固定资产,影响固定资产入账价值的因素有( )。

    A. 收到的补价   B. 换入资产的公允价值

    C. 换出资产的公允价值   D. 换出资产的账面价值

5. 下列项目中,属于货币性资产的有( )。

    A. 银行存款   B. 长期股权投资

    C. 可供出售金融资产   D. 应收账款

6. 关于不具有商业实质的非货币性资产交换,下列项目中,会影响支付补价,企业计算换入资产入账价值的有( )。

    A. 支付的补价

    B. 可以抵扣的进项税额

    C. 换出资产已计提的减值准备

    D. 换入资产的账面价值

7. 下列各项中,非货币性资产交换具有商业实质的有( )。

　　A. 换入资产的未来现金流量的风险、金额相同,时间不同。此种情形是指换入资产和换出资产产生的未来现金流量总额相同,获得这些现金流量的风险相同,但现金流量流入企业的时间明显不同

　　B. 换入资产的未来现金流量的时间、金额相同,风险不同。此种情形是指换入资产和换出资产产生的未来现金流量时间和金额相同,但企业获得现金流量的不确定性程度存在明显差异

　　C. 换入资产的未来现金流量的风险、时间相同,金额不同

　　D. 换入资产与换出资产的预计未来现金流量现值不同,且其差额与换入资产和换出资产的公允价值相比是重大的

8. 下列经济业务中,属于非货币性资产交换的有( )。

　　A. 以公允价值 40 万元的小汽车一辆换取生产设备一台,另支付补价 20 万元

　　B. 以公允价值 40 万元的小汽车一辆换取生产设备一台,另支付补价 10 万元

　　C. 以公允价值 100 万元的机械设备一台换取电子设备一台,另收到补价 50 万元

　　D. 以公允价值 60 万元的机械设备一台和持有的公允价值为 40 万元的股票,换取电子设备一台

9. 下列各项中,非货币性资产交换会计处理有可能影响企业损益的项目有( )。

　　A. 该交换具有商业实质,换出资产公允价值大于账面价值且支付补价

　　B. 该交换具有商业实质,换出资产公允价值小于账面价值且支付补价

　　C. 该交换不具有商业实质,换出资产公允价值大于账面价值

且收到补价

  D. 该交换不具有商业实质,换出资产公允价值小于账面价值
且收到补价

 10. 在不涉及补价情况下,下列关于不具有商业实质的非货币性
资产交换说法正确的有(   )。

  A. 不确认非货币性资产交换损益

  B. 增值税不会影响换入存货入账价值的确定

  C. 涉及多项资产交换,按换入各项资产的公允价值与换入资
产公允价值总额的比例,对换出资产的账面价值与应支付
的相关税费之和进行分配,以确定各项换入资产的入账
价值

  D. 对于换入存货实际成本的确定,通常按换出资产的账面价
值减去可抵扣的增值税进项税额,加上应支付的相关税费
作为实际成本

三、判断题

 1. 企业对于具有商业实质的非货币性资产交换,应当以公允价值
和应支付的相关税费作为换入资产的成本,公允价值与换出资产账面
价值的差额计入当期损益。   (   )

 2. 甲公司以一台设备交换乙公司的一项无形资产,该设备账面原
价为 30 万元,累计折旧为 7.50 万元,公允价值为 18 万元;无形资产的
账面价值和公允价值均为 23.25 万元。甲公司另行向乙公司支付现金
5.25 万元,则该交易不能确认为非货币性资产交换。   (   )

 3. 企业涉及多项资产的非货币性资产交换,应当先计算换入资产
总的入账价值,然后再按各单位资产的账面价值占换入资产账面价值
总和的比重分别确定各单位资产的入账价值。   (   )

 4. 企业在确定非货币性资产交换是否具有商业实质时,企业应当
关注交易各方之间是否存在关联方关系。关联方关系的存在导致发生

的非货币性资产交换不具有商业实质。　　　　　　　（　　）

5. 企业货币性资产是指持有的现金及将以固定或可确定金额的货币收取的资产,包括现金、应收账款和应收票据以及不准备持有至到期的债券投资等。　　　　　　　　　　　　　　（　　）

6. 企业在非货币性资产交换中,当换出资产公允价值大于换入资产账面价值时,应确认交易收益。　　　　　　　　　（　　）

7. 判断某项交易是否为非货币性资产交换,通常依据交易中是否涉及补价,若涉及补价,则不属于非货币性资产交换。　（　　）

8. 企业非货币性资产交换中,收到补价的企业应按一定方法计算应确认收益。　　　　　　　　　　　　　　　　　（　　）

9. 企业应收账款可能发生坏账,将来收取的货币是不确定的,因此,应收账款属于非货币性资产。　　　　　　　　　（　　）

10. 企业对于具有商业实质的非货币性资产交换,应以换出资产的公允价值与换入资产的公允价值孰低作为换入资产的入账价值。
　　　　　　　　　　　　　　　　　　　　　　　　（　　）

四、计算分析题

1. 东方公司决定和华光公司进行非货币性资产交换,华光公司向东方公司支付银行存款 8 万元。

(1) 东方公司换出。

固定资产——厂房:原价为 30 万元,累计折旧 6 万元,公允价值 20 万元;

　　　　　　——电子设备:原价为 24 万元,累计折旧 12 万元,公允价值 10 万元;

原材料:账面余额为 60 万元,计税价格 70 万元,公允价值 70 万元。

(2) 华光公司换出。

固定资产——办公楼:原价 30 万元,累计折旧 10 万元;

——轿车:原价 40 万元,累计折旧 18 万元;

——客车:原价 60 万元,累计折旧 16 万元。

假设以上资产均未计提资产减值准备,该交换不具有商业实质,且假定不考虑其他相关税费。

要求:编制东方公司和华光公司的会计分录(单位:元)。

2. 光明公司以一批库存商品交换人明公司的房产,库存商品的成本为 70 万元,已计提减值准备为 8 万元,公允价值为 100 万元,增值税税率为 17%,消费税税率为 10%。房产的原价为 200 万元,已提折旧100 万元,已提减值准备 20 万元,公允价值为 110 万元,营业税税率为5%。经双方协议,由光明公司支付补价 2 万元。双方均保持资产的原始使用状态。

要求:根据上述资料,作出光明公司和大明公司的会计处理(单位:元)。

3. 阳光公司决定和太平洋公司进行资产置换,阳光公司、太平洋公司的增值税税率为 17%,计税价格等于公允价值。整个交易过程中没有发生除增值税以外的其他相关税费,该交易具有商业实质。有关资料如下:

(1) 阳光公司换出。

固定资产——车床:原价 300 万元,累计折旧 30 万元,计提固定资产减值准备 20 万元,公允价值 220 万元。

库存商品——M 商品:账面余额为 180 万元,计提存货跌价准备20 万元,公允价值 150 万元。

(2) 太平洋公司换出。

固定资产——汽车:原价 450 万元,累计折旧 150 万元,公允价值280 万元。

库存商品——N 商品:账面余额 180 万元,计提存货跌价准备 80万元,公允价值 90 万元。

要求:编制有关阳光公司、太平洋公司非货币性资产交换的会计分录(单位:万元)。

参 考 答 案

一、单项选择题

1. A 2. B 3. D 4. A 5. C 6. B 7. A 8. A 9. D
10. B

二、多项选择题

1. ABC 2. ABC 3. AB 4. ABC 5. AD 6. ABC
7. ABCD 8. BD 9. AB 10. AD

三、判断题

1. × 2. × 3. × 4. × 5. × 6. × 7. × 8. ×
9. × 10. ×

四、计算分析题

1.

编制东方公司会计分录:

(1) 判断是否属于非货币性资产交换:

补价所占比重=补价/换出资产公允价值=$8 \div 100 \times 100\% = 8\% <$
25%,所以,该交易属于非货币性资产交换。

(2) 计算确定换入资产的入账价值总额=$(30-6+24-12+60)-8+$

$$70 \times 17\% = 99.90(万元)$$

(3) 计算确定换入各项资产的入账价值:

办公楼的入账价值=$99.90 \times [20 \div (20+22+44)] = 23.232(万元)$

轿车的入账价值＝99.90×[22÷(20＋22＋44)]＝25.556(万元)

客车的入账价值＝99.90×[44÷(20＋22＋44)]＝51.112(万元)

（4）财务处理如下：

借：固定资产清理	36	
累计折旧	18	
贷：固定资产——厂房		30
——电子设备		24
借：固定资产——办公楼	23.232	
——轿车	25.556	
——客车	51.112	
银行存款	8.000	
贷：固定资产清理		36.000
原材料		60.000
应交税费——应交增值税(销项税额)		11.900

编制光华公司会计分录：

（1）判断是否属于非货币性资产交换：

补价所占比重＝补价/换入资产公允价值＝8÷100×100％＝8％＜25％,所以,该交易属于非货币性资产交换。

（2）计算确定换入资产的入账价值总额＝(30－10＋40－18＋60－16)＋8－70×17％＝82.1(万元)

（3）计算确定换入各项资产的入账价值。

厂房的入账价值＝82.1×[24÷(24＋12＋60)]＝20.525(万元)

电子设备的入账价值＝82.1×[12÷(24＋12＋60)]＝10.2625(万元)

原材料的入账价值＝82.1×[60÷(24＋12＋60)]＝51.3125(万元)

（4）账务处理如下：

借：固定资产清理	86	
累计折旧	44	
贷：固定资产——办公楼		30
——轿车		40
——客车		60

借：固定资产——厂房　　　　　　　　　　　20. 5250

　　　　　　——电子设备　　　　　　　　10. 2625

　　原材料　　　　　　　　　　　　　　　　51. 3125

　　应交税费——应交增值税（进项税额）　　11. 9000

　　贷：固定资产清理　　　　　　　　　　　86. 0000

　　　　银行存款　　　　　　　　　　　　　 8. 0000

2.

光明公司的会计处理：

（1）判断是否属于非货币性资产交换：

补价所占比重＝补价/换出资产公允价值＋补价＝2÷102×100％＝1.96％＜25％，所以，该交易属于非货币性资产交换。

（2）换入房产的入账成本＝100＋100×17％＋2＝119（万元）

账务处理如下：

借：固定资产　　　　　　　　　　　　　　　119

　　贷：主营业务收入　　　　　　　　　　　100

　　　　应交税费——应交增值税（销项税额）　17

　　　　银行存款　　　　　　　　　　　　　　2

借：主营业务成本　　　　　　　　　　　　　62

　　存货跌价准备　　　　　　　　　　　　　 8

　　贷：库存商品　　　　　　　　　　　　　70

借：营业税金及附加　　　　　　　　　　　　10

　　贷：应交税费——应交消费税　　　　　　10

大明公司的会计处理：

（1）判断是否属于非货币性资产交换：

补价所占比重＝补价/换出资产公允价值＝2÷110×100％＝1.82％＜25％，所以，属于非货币性资产交换。

（2）换入库存商品的入账成本＝110－100×17％－2＝91（万元）

① 借：固定资产清理 　　　　　　　　　　　　　　　　80

　　　累计折旧 　　　　　　　　　　　　　　　　　　100

　　　固定资产减值 　　　　　　　　　　　　　　　　20

　　　　贷：固定资产 　　　　　　　　　　　　　　　200

② 借：固定资产清理 　　　　　　　　　　　　　　　5.5

　　　　贷：应交税费——应交营业税 　　　　　　　　5.5

③ 借：库存商品 　　　　　　　　　　　　　　　　　91

　　　　应交税费——应交增值税（进项税额） 　　　　17

　　　　银行存款 　　　　　　　　　　　　　　　　　2

　　　　贷：固定资产清理 　　　　　　　　　　　　110

④ 借：固定资产清理 　　　　　　　　　　　　　　24.5

　　　　贷：营业外收入 　　　　　　　　　　　　　24.5

3.

（1）阳光公司的账务处理。

换入资产的入账价值总额＝220＋150＋150×17％－90×17％＝380.2（万元）

换入各项资产的入账价值：

　　　固定资产——汽车＝380.2×[280÷（280＋90）]＝287.72（万元）

　　　库存商品——N 商品＝380.2×[90÷（280＋90）]＝92.48（万元）

会计分录如下：

　借：固定资产清理 　　　　　　　　　　　　　　　250

　　　累计折旧 　　　　　　　　　　　　　　　　　30

　　　固定资产减值准备 　　　　　　　　　　　　　20

　　　　贷：固定资产——车床 　　　　　　　　　　300

　借：固定资产——汽车 　　　　　　　　　　　287.72

　　　库存商品——N 商品 　　　　　　　　　　　92.48

　　　应交税费——应交增值税（进项税额） 　　　15.30

　　　　贷：固定资产清理 　　　　　　　　　　220.00

　　　　　　主营业务收入 　　　　　　　　　　150.00

　　　　　　应交税费——应交增值税（销项税额）25.50

借：营业外支出   30

  贷：固定资产清理   30

借：主营业务成本   160

  存货跌价准备   20

  贷：库存商品——M商品   180

（2）太平洋公司的账务处理。

换入资产的入账价值总额＝280＋90＋90×17％－150×17％＝359.8（万元）

换入各项资产的入账价值：

 固定资产——车床＝359.8×[220÷（220＋150）]＝213.94（万元）

 库存商品——M商品＝359.8×[150÷（220＋150）]＝145.86（万元）

借：固定资产清理   300

  累计折旧   150

  贷：固定资产——汽车   450

借：固定资产——车床   213.94

  库存商品——M商品   145.86

  应交税费——应交增值税（进项税额） 25.50

  贷：固定资产清理   280.00

   主营业务收入   90.00

   应交税费——应交增值税（销项税额） 15.30

借：营业外支出   20

  贷：固定资产清理   20

借：主营业务成本   100

  存货跌价准备   80

  贷：库存商品——N商品   180

第十章 资 产 减 值

一、单项选择题

1. 红星公司自 2007 年年初开始对销售部门用的设备提取折旧，该设备的原价为 110 万元，预计净残值为 10 万元，折旧期为 5 年，采用直线法提取折旧，2008 年年末，该设备的可收回价值为 61 万元。则 2008 年年末应提减值额为（   ）万元。

  A. 9   B. 5

  C. 11   D. 10

2. 下列各项中，计算资产未来现金流量现值时所使用的折现率的主要依据是（   ）。

  A. 资产的市场利率   B. 加权平均资金成本

  C. 增量借款利率   D. 其他相关市场借款利率

3. 下列各项中，估计资产的公允价值减去处置费用后的净额的最佳方法是（   ）。

  A. 根据公平交易中资产的销售协议价格减去可直接归属于该资产处置费用的金额确定

  B. 在资产不存在销售协议但存在活跃市场的情况下，应当根据该资产的市场价格减去处置费用后的金额确定

  C. 在既不存在资产销售协议又不存在资产活跃市场的情况下，企业应当以可获取的最佳信息为基础，可以参考同行业类似资产的最近交易价格或者结果进行估计

  D. 如果企业无法可靠估计资产的公允价值减去处置费用后的

净额的,应当以该资产预计未来现金流量的现值作为其可收回金额

4. 下列各项中,资产组认定的依据是( )。

  A. 该资产能否产生现金流入

  B. 该资产能否独立进行核算

  C. 资产组能否产生独立的现金流入

  D. 该资产组是否能够可靠地计算未来现金流量

5. 为了资产减值测试的目的,计算资产未来现金流量现值时所使用的折现率是反映( )和资产特定风险的税前利率。

  A. 当前市场货币时间价值   B. 预期市场货币时间价值

  C. 未来现金净流入   D. 资产的公允价值

6. 2008 年 12 月 31 日,甲企业对其拥有的一台机器设备因存在减值迹象而进行减值测试时发现,该资产如果立即出售可以获得 230 万元的价款,发生的处置费用预计为 5 万元;如果继续使用,那么该资产预计的未来现金流量现值为 222 万元。该资产目前的账面价值是 250 万元,甲企业在 2008 年 12 月 31 日应该计提的固定资产减值准备为( )万元。

  A. 25   B. 30

  C. 28   D. 5

7. 胜利企业在 2007 年 1 月 1 日以 750 万元收购了红达企业 100% 的权益,红达企业可辨认资产的公允价值为 600 万元。胜利企业在其合并会计报表中确认:商誉 150 万元(750－600×100%),2007 年年末,红达企业可辨认资产的公允价值为 900 万元。假定红达企业的全部资产是产生现金流量的最小组合,2007 年年末,胜利企业确定红达企业的可收回金额为 600 万元。发生减值损失,应分摊给红达公司可辨认资产的减值损失是( )万元。

  A. 450   B. 150

  C. 300   D. 400

8. 资产减值是指资产的（   ）低于其账面价值的情况。

    A. 可变现净值　　　　　　　　B. 可收回金额

    C. 预计未来现金流量现值　　　D. 公允价值

9. 下列各项中,资产减值的对象不包括（   ）。

    A. 对子公司、联营企业和合营企业的长期股权投资

    B. 采用成本模式进行后续计量的投资性房地产

    C. 存货

    D. 生产性生物资产

10. 下列各项中,期末企业计提资产减值准备时,借记的账户是（   ）。

    A."营业外支出"　　　　　　　B."管理费用"

    C."投资收益"　　　　　　　　D."资产减值损失"

11. 下列各项中,关于资产组的叙述不正确的是（   ）。

    A. 资产组认定以其产生的主要现金流入是否独立于其他资产或者资产组的现金流入为依据

    B. 某服装企业有童装、西装、衬衫三个工厂,每个工厂在核算、考核和管理等方面都相对独立,在这种情况下,每个工厂通常为一个资产组

    C. 某家具制造商有甲车间和乙车间,甲车间专门生产家具部件,生产完后由乙车间负责组装,该企业对甲车间和乙车间资产的使用和处置等决策是一体的,在这种情况下,甲和乙车间通常应当认定为一个资产组

    D. 从煤矿引出的运煤专用铁路线通常为一个资产组

二、多项选择题

1. 可收回金额应当根据资产的公允价值减去处置费用后的净额与资产预计未来现金流量的现值两者之间较高者确定,其中处置费用包括（   ）。

  A. 相关税费   B. 法律费用

  C. 搬运费   D. 财务费用

 2. 下列各项中,关于资产的公允价值减去处置费用后净额的确定表述正确的有(   )。

  A. 根据公平交易中资产的销售协议价格减去可直接归属于该资产处置费用的金额确定

  B. 在资产不存在销售协议但存在活跃市场的情况下,应当根据该资产的市场价格减去处置费用后的金额确定

  C. 在既不存在资产销售协议又不存在资产活跃市场的情况下,企业应当以可获取的最佳信息为基础,可以参考同行业类似资产的最近交易价格或者结果进行估计

  D. 如果企业无法可靠估计资产的公允价值减去处置费用后的净额的,应当以该资产预计未来现金流量的现值作为其可收回金额

 3. 可收回金额是按照下列(   )两者之中较高者确定的。

  A. 长期资产的账面价值减去处置费用后的净额

  B. 长期资产的公允价值减去处置费用后的净额

  C. 未来现金流量

  D. 未来现金流量现值

 4. 资产组或总部资产发生减值,损失的金额抵减了资产组或者资产组组合中资产的账面价值后,各项资产的账面价值不得低于下列(   )三者之中最高者。

  A. 该资产的公允价值减去处置费用后的净额(如何确定的)

  B. 资产预计未来现金流量的现值(如何确定的)

  C. 零   D. 该资产账面价值

 5. 预计资产未来现金流量的现值,主要应当综合考虑的因素有(   )。

  A. 资产的预计未来现金流量   B. 资产的使用寿命

C. 折现率

D. 承担资产中包含的不确定性价格定价中的非流动性

6. 下列各项中,通过《企业会计准则第 8 号——资产减值》规范的有( )

A. 对子公司、联营企业和合营企业的长期股权投资

B. 商誉

C. 按成本模式进行后续计量的投资性房地产

D. 探明石油天然气矿区权益和井及相关设施

7. 企业应当在资产负债表日判断资产是否存在可能发生减值的迹象。但下列( )无论是否存在减值迹象,每年都应当进行减值测试。

A. 固定资产   B. 企业合并所形成的商誉

C. 使用寿命不确定的无形资产

D. 使用寿命有限的无形资产

8. 企业应当在资产负债表日判断资产是否存在可能发生减值的迹象,对于存在减值迹象的资产,应当进行减值测试,资产可能发生减值的有( )。

A. 资产的市价当期大幅度下跌,其跌幅明显高于因时间的推移或者正常使用而预计的下跌

B. 有证据表明资产已经陈旧过时或者其实体已经损坏

C. 资产已经或者将被闲置、终止使用或者计划提前处置

D. 市场利率在当期已经提高且影响企业计算资产预计未来现金流量现值的折现率,导致资产可收回金额大幅度降低

9. 预计资产未来现金流量应当以资产的当前状况为基础,下列现金流量不应包括的有( )。

A. 与将来可能会发生的、尚未作出承诺的重组事项有关的预计未来现金流量

B. 与将来可能会发生的资产改良有关的预计未来现金流量

    C. 筹资活动产生的现金流入或者流出

    D. 与所得税收付有关的现金流量

  10. 资产存在可能发生减值迹象的,应当估计其可收回金额,下列关于计算可收回金额的叙述正确的有(　　　)。

    A. 以前报告期间的计算结果表明,资产可收回金额显著高于其账面价值,之后又没有发生消除这一差异的交易或者事项的,资产负债表日可以不重新估计该资产的可收回金额

    B. 以前报告期间的计算与分析表明,资产可收回金额对于某减值迹象反应不敏感,在本报告期间又发生了该减值迹象的,资产负债表日可以不重新估计该资产的可收回金额

    C. 资产的公允价值减去处置费用后的净额与资产预计未来现金流量的现值,只要有一项超过了资产的账面价值,就表明资产没有发生减值,不需再估计另一项金额

    D. 如果没有证据或者理由表明,资产预计未来现金流量现值显著高于其公允价值减去处置费用后的净额,可以将资产的公允价值减去处置费用后的净额视为资产的可收回金额

三、判断题

  1. 企业在估计资产未来现金流量现值时,只能使用单一的折现率。   (　　)

  2. 企业在估计资产的公允价值减去处置费用后的净额时,如果资产不存在销售协议但存在活跃市场的情况下,应当根据该资产的市场价格减去处置费用后的金额确定。资产的市场价格通常应当按照资产的卖方要价确定。   (　　)

  3. 在预计未来现金流量和折现率时,应当在一致的基础上考虑因一般通货膨胀而导致的物价上涨因素的影响。   (　　)

  4. 资产减值是资产的可收回金额低于其账面价值,这里的资产是指单项资产。   (　　)

5. 资产减值损失一经确认,在以后会计期间永远不得转回或转销。 （　　）

6. 预计未来现金流量应当以企业管理层批准的最近财务预算或者预测数据为基础。 （　　）

7. 某公司按照与当地政府签订的合同提供交通服务,合同要求该公司在五条单独的线路上提供最低限度的交通服务。该公司投入每条线路的资产和每条线路产生的现金流量能够分别认定,其中一条线路在重大亏损状况下运营,该公司应将每一条公交线路认定为一个资产组。 （　　）

8. 预计资产未来现金流量,应当根据资产未来每期最有可能产生的现金流量进行预测。它使用的是单一的未来每期预计现金流量和单一的折现率计算资产未来现金流量的现值。 （　　）

9. 资产的可收回金额应当根据资产的销售净价与资产预计未来现金流量的现值两者之中较高者确定。 （　　）

10. 资产减值损失确认后,减值资产的折旧或者摊销费用在未来期间不需要作相应调整。 （　　）

四、计算分析题

1. 大华公司拥有的甲设备原值为 600 万元,已计提的折旧约 160 万元,已计提的减值准备为 40 万元,该公司在 2008 年 12 月 31 日对甲设备进行减值测试时发现,该类设备存在明显的减值迹象,即如果该公司出售甲设备,买方愿意以 360 万元的销售净价购买;如果继续使用,尚可使用年限为 5 年,未来 4 年现金流量净值以及第 5 年使用和期满处置的现金流量净值分别为 120 万元、110 万元、80 万元、64 万元、36 万元。采用折现率 5%。

要求:

（1）确定该资产是否发生减值。

（2）如果发生减值了,计算其减值准备,并作出账务处理(单位:

万元)。

2. 耀华公司拥有企业总部和三条独立生产线(第一、第二和第三生产线),被认定为三个资产组。2007年年末总部资产额和三个资产组的账面价值分别为200万元、300万元、300万元和400万元。三个资产组的剩余使用寿命分别为5年、10年和20年。由于三条生产线所生产的产品市场竞争激烈,同类产品价优物美,而导致产品滞销,开工严重不足,产能大大过剩,使生产线出现减值的迹象,需要进行减值测试。在测试过程中,一栋办公楼的账面价值可以在合理和一致的基础上分摊至各资产组,其分摊标准是以各资产组的账面价值和剩余使用寿命加权平均计算的账面价值作为分摊的依据。经调查研究得到的三个资产组(第一、第二和第三生产线)的可收回金额分别为280万元、400万元和480万元。

要求:对两个资产组进行减值测试,计算应计提减值的金额。

五、综合题

1. 胜利公司在甲、乙、丙三地拥有三家分公司,其中,丙分公司是上年吸收合并的公司。这三家分公司的经营活动由一个总部负责运作。由于甲、乙、丙三家分公司均能产生独立于其他分公司的现金流入,所以该公司将这三家分公司确定为三个资产组。2005年12月1日,企业经营所处的技术环境发生了重大不利变化,出现资产减值迹象,需要进行减值测试。

假设总部资产的账面价值为150万元,能够按照各资产组账面价值的比例进行合理分摊:甲分公司资产的使用寿命为10年,乙、丙分公司和总部资产的使用寿命为20年。减值测试时,甲、乙、丙三个资产组的账面价值分别为100万元、150万元和200万元(其中合并商誉为15万元)。该公司计算得出甲分公司资产的可收回金额为219万元,乙分公司资产的可收回金额为156万元,丙分公司资产的可收回金额为200万元。

要求：进行该公司的资产减值测试。

2. XYZ 高科技企业拥有 X、Y 和 Z 三个资产组,在 2008 年年末,这三个资产组的账面价值分别为 400 万元、600 万元和 800 万元,没有商誉。这三个资产组为三条生产线,预计剩余使用寿命分别为 10 年、20 年和 20 年,采用直线法计提折旧。由于 XYZ 公司的竞争对于通过技术创新推出了更高技术含量的产品,并且受到市场欢迎,从而对 XYZ 公司产品产生了重大不利影响,为此,XYZ 公司于 2008 年年末时各资产组需要进行减值测试。由于 XYZ 公司的经营管理活动由总部负责,总部资产包括一栋办公大楼和一个研发中心,其中办公大楼的账面价值为 600 万元,研发中心资产的账面价值为 200 万元,因此,也可能使总部资产发生减值,需要进行减值测试。已知办公大楼的账面价值可以在合理和一致的基础上分摊至各资产组,但是研发中心的账面价值难以在合理和一致的基础上分摊至各相关资产组。对于办公大楼的账面价值,企业根据各资产组的账面价值和剩余使用寿命加权平均计算的账面价值分摊比例进行分摊。

假定各资产组的公允价值减去处置费用后的净额难以确定。根据资产预计未来现金流量和适用的折现率计算的现值分别是:资产组 X 796 万元、资产组 Y 656 万元、资产组 Z 1 084 万元、包括研发中心在内的最小资产组组合(XYZ 公司)2 880 万元。

要求:测试确定资产组 X、Y、Z 和总部资产是否发生了减值。如果发生了减值,计算相应的减值损失金额为多少。

参 考 答 案

一、单项选择题

1. A 2. A 3. A 4. C 5. A 6. A 7. C 8. B 9. C

10．D　11．D

二、多项选择题

1．ABC　2．ABCD　3．BD　4．ABC　5．ABC　6．ABCD
7．BC　8．ABCD　9．ABCD　10．ABCD

三、判断题

1．×　2．×　3．√　4．×　5．×　6．√　7．×　8．×
9．×　10．×

四、计算分析题

1.

（1）该资产的账面价值＝原值－累计折旧－计提的减值准备＝
$$600－160－40＝400（万元）$$

公允价值减去处置费用后的净额＝360（万元）

预计未来现金流量现值＝$120÷(1＋5\%)＋110÷(1＋5\%)^2＋80÷(1＋5\%)^3＋$

$$64÷(1＋5\%)^4＋36÷(1＋5\%)^5＝364.07（万元）$$

所以，该资产的可收回金额为 364.07 万元，低于该资产的账面价值 400 万元，即甲设备发生了减值。

（2）应计提的资产减值准备＝$400－364.07＝35.93$（万元）

会计分录如下：

借：资产减值损失　　　　　　　　　　　　　　　35.93
　　贷：固定资产减值准备　　　　　　　　　　　　35.93

2.

（1）将总部资产分配至各资产组。根据各资产组的账面价值和剩余使用寿命加权平均计算的账面价值分摊比例将总部资产的账面价值进行分摊，具体如下（单位：万元）：

	第一生产线	第二生产线	第三生产线	合　计
各资产组账面价值	300	300	400	1 000
各资产组剩余使用寿命(年)	5	10	20	
按使用寿命计算的权重	1	2	4	
加权计算后的账面价值	300	600	1 600	2 500
总部资产分摊比例(各资产组加权计算后的账面价值/各资产组加权平均计算后的账面价值合计)(%)	12	24	64	100
总部资产账面价值分摊到各资产组的金额	24	48	128	200
包括分摊的总部资产账面价值部分的各资产组账面价值	324	348	528	1 200

(2) 将分摊总部资产后的资产组资产账面价值与其可收回金额进行比较,确定计提减值金额。

减值准备计算表

资产组合	分摊总部资产后账面价值	可收回金额	应计提减值准备金额
第一生产线	324	280	44
第二生产线	348	400	0
第三生产线	528	480	48

(3) 将各资产组的减值额在总部资产和各资产组之间分配。

第一生产线减值额分配给总部资产的数额 $=44\times(24\div324)=3.26$ (万元)

分配给第一生产线本身的数额 $=44\times(300\div324)=40.74$ (万元)

第三生产线减值额分配给总部资产的数额 $=48\times(128\div528)=11.64$ (万元)

分配给第三生产线本身的数额 $=48\times(400\div528)=36.36$ (万元)

五、综合题

1.

(1) 将总部资产分配至各资产组。由于各资产组的使用寿命不同,不能直接按其账面价值分配总部资产,而应根据各资产组使用寿命对各资产组的账面价值进行调整,按各资产组调整后的账面价值来分配总部资产。乙、丙资产组的使用寿命是甲资产组使用寿命的两倍,换言之,乙、丙分公司1元钱资产的账面价值相当于甲分公司2元钱资产的账面价值。所以:

分配的总部资产的账面价值应为:

$100+2\times150+2\times200=800$(万元)

总部资产应分配给甲资产组的数额$=150\times100\div800=18.75$(万元)

总部资产应分配给乙资产组的数额$=150\times300\div800=56.25$(万元)

总部资产应分配给丙资产组的数额$=150\times400\div800=75$(万元)

分配后各资产组的账面价值为:

甲资产组的账面价值$=100+18.75=118.75$(万元)

乙资产组的账面价值$=150+56.25=206.25$(万元)

丙资产组的账面价值$=200+75=275$(万元)

(2) 进行减值测试。

甲资产组的账面价值118.75万元,可收回金额219万元,没有发生资产减值。

乙资产组的账面价值206.25万元,可收回金额156万元,发生资产减值50.2万元。

丙资产组的账面价值275万元,可收回金额200万元,发生资产减值75万元。

(3) 将各资产组的减值额在总部资产和各资产组之间分配。

乙资产组减值额分配给总部资产的数额$=50.25\times56.25\div206.25=13.7$(万元)

分配给乙资产组本身的数额$=50.25\times150\div206.25=36.55$(万元)

丙资产组中的资产减值额先冲减商誉15万元,余下的分配给总部和丙资产组。

分配给总部的资产减值＝60×75÷275＝16.36(万元)

分配给丙资产组本身的数额＝60×200÷275＝43.64(万元)

2. 在对各资产组进行减值测试时,首先应当认定与其相关的总部资产。由于 XYZ 公司的经营管理活动由总部负责,因此相关的总部资产包括办公大楼和研发中心,考虑到办公大楼的账面价值可以在合理和一致的基础上分摊至各资产组,但是研发中心的账面价值难以在合理和一致的基础上分摊至各相关资产组。因此,对各办公大楼的账面价值,企业应当首先根据各资产组的账面价值和剩余使用寿命加权平均计算的账面价值分摊比例进行分摊,具体如下(单位:万元):

	资产组 X	资产组 Y	资产组 Z	合 计
各资产组账面价值	400	600	800	1 800
各资产组剩余使用寿命(年)	10	20	20	
按使用寿命计算的权重	1	2	2	
加权计算后的账面价值	400	1 200	1 600	3 200
办公大楼分摊比例(各资产组加权计算后的账面价值/各资产组加权平均计算后的账面价值合计)(%)	12.5	37.5	50	100
办公大楼账面价值分摊到各资产组的金额	75	225	300	600
包括分摊的办公大楼账面价值部分的各资产组账面价值	475	825	1 100	2 400

企业随后应当确定各资产组的可收回金额,并将其与账面价值(包括已分摊的办公大楼的账面价值部分)相比较;以确定相应的减值损失。

考虑到研发中心资产账面价值难以按照合理和一致的基础分摊至资产组,因此确定由 X、Y、Z 三个资产组组成最小资产组组合(在本例中即为整个企业),通过计算该资产组组合的可收回金额,并将其与账面价值(包括已分摊的办公大楼和研发中心资产账面价值部分)相比较,以确定相应的减值损失。由于各资产组和资产组组合的公允价值减去处置费用后的净额难以确定,企业根据它们的预计未来现金流量的现值来计算其可收回金额。由于资产组 X、Y、Z 的可收回金额分别为 796 万元、656 万元和 1 084 万元,而相应的账面价值(包括分摊的办公大楼账面价值)分别为 475 万元、825 万元和 1 100 万元,资产组 Y 和 Z 的可收回金额均低于其账面价值,应当分别确认 169 万元和 16 万元减值损失,并将该减值损失在办公大楼和资产组之间进行分摊。根据分摊结果,因资产组 Y 发生减值损失 169 万元而导致办公大楼减值 46 万元(169×225÷825),导致资产组 Y 中所包括资产发生减值 123 万元(169×600÷825);因资产组 Z 发生减值损失 16 万元而导致办公大楼减值 4 万元(16×300÷1 100),导致资产组 Z 中所包括资产发生减值 12 万元(16×800÷1 100)。

经过上述减值测试后,资产组 X、Y、Z 和办公大楼的账面价值分别为 400 万元、477 万元、788 万元和 550 万元,研发中心资产账面价值仍为 200 万元,由此包括研发中心在内的最小资产组组合(即 XYZ 公司)的账面价值总额为 2 415 万元(400+477+788+550+200),但其可收回金额为 2 880 万元,高于其账面价值,因此,企业不必再确认进一步的减值损失(包括研发中心的减值损失)。

根据以上计算与分析结果,XYZ 公司资产组 X 没有发生减值,资产组 Y 和 Z 发生了减值,应当对其所包括资产分别确认减值损失 123 万元和 12 万元。总部资产中,办公楼发生了减值,应当确认减值损失 50 万元,但是研发中心资产没有发生减值。

第十一章 流 动 负 债

一、单项选择题

1. 在会计实务中,一般均按照开出、承兑的应付票据的(　　　)入账。

　　A. 面值与应付利息之和　　B. 未来现金流量现值

　　C. 面值　　　　　　　　　D. 未来现金流出量之和

2. 企业转销确实无法支付的应付账款,应按其账面余额(　　　)。

　　A. 计入资本公积　　　　　B. 计入营业外收入

　　C. 冲减管理费用　　　　　D. 冲减财务费用

3. 企业根据销售合同而预先收取的销货款,形成了企业对客户的一项负债,这些负债将通过向客户提供合同规定商品而偿还。这些负债的发生伴随着(　　　)。

　　A. 收入的取得　　　　　　B. 费用的发生

　　C. 资产的取得　　　　　　D. 劳务的取得

4. 在实际工作中,银行一般于(　　　)收取短期借款利息。

　　A. 每季度末　　　　　　　B. 每季度初

　　C. 每月末　　　　　　　　D. 每月初

5. 企业将生产的饮料作为福利发放给职工,所发放的饮料总生产成本 10 万元,其中发放给生产工人、车间管理人员、行政管理人员和专设的销售机构人员的饮料的生产成本分别为 6 万元、1 万元、1.6 万元和 1.4 万元。所发放的饮料公允价值 16 万元,其中发放给生产工人、车间管理人员、行政管理人员和专设的销售机构人员的饮料的生产成本分别为 9.6 万元、1.6 万元、2.56 万元和 2.24 万元。则最终应计入生产成本的金额是( )万元。

    A. 11.2   B. 7

    C. 9.6   D. 6

6. 企业将拥有的汽车无偿提供给车间主任、部门经理以上人员使用的,应根据受益对象,按照所配发的汽车每期应计提的折旧分别借记"制造费用"、"管理费用"、"销售费用"等账户,贷记( )账户。

    A. "固定资产"   B. "累计折旧"

    C. "应付职工薪酬"   D. "应付福利费"

7. 下列各项中,应通过"应付账款"账户核算的是( )。

    A. 应付赔款   B. 应付租金

    C. 应付存入保证金   D. 应付供货单位的代垫运杂费

8. 企业若预收货款业务不多,可以不设置"预收账款"账户,其所发生预收货款,可通过( )账户核算。

    A. "预付账款"   B. "应付账款"

    C. "应收账款"   D. "其他应付款"

9. 企业应当在资产负债表日,对于实际利率与合同利率差异较大的短期借款,应采用( )计算确定其利息费用。

    A. 合同利率   B. 实际利率

    C. 市场利率   D. 合同利率和实际利率较高者

10. 企业每季度末收到银行寄来的短期借款利息付款通知单时,应贷记( )账户。

    A. "预提费用"   B. "财务费用"

    C. "银行存款"   D. "应付利息"

11. 企业支付银行承兑汇票的手续费时,应当作为( )处理。

    A. 管理费用   B. 财务费用

    C. 销售费用   D. 材料采购

12. 企业实际上交营业税时,应借记( )账户。

A. "营业税金及附加"

B. "其他业务成本"

C. "应交税费——应交营业税"

D. "营业外支出"

13. 下列各项税金中,不通过"应交税费"账户核算的税金是( )。

A. 增值税   B. 消费税

C. 印花税   D. 房产税

14. 某企业预收货款的业务较多,当该企业收到购货单位补付的货款时,应( )账户。

A. 借记"应收账款"   B. 贷记"应收账款"

C. 借记"预收账款"   D. 贷记"预收账款"

15. 企业将自产的货物发放给职工作为福利的,应视同销售物资计算应交增值税,借记( )账户,贷记"主营业务收入"、"应交税费——应交增值税(销项税额)"等账户。

A. "盈余公积——法定盈余公积"

B. "营业外支出"

C. "应付职工薪酬"

D. "应付福利费"

16. 某企业本月发生销项税额合计 125 860 元,进项税额 41 470 元,本月进项税额转出 7 390 元,上交上期应交未交增值税 23 560 元,上交本月应交增值税 32 680 元,则本月应交未交增值税( )元。

A. 20 760   B. 28 150

C. 35 540   D. 59 100

17. 企业开出、承兑商业汇票抵付应付账款时,应借记( )账户。

A. "材料采购"

B. "应交税费——应交增值税(进项税额)"

C. "库存商品"

D. "应付账款"

18. 企业在资产负债表日,企业按合同利率计算的短期借款利息费用应(　　)。

A. 借记"财务费用"账户,贷记"短期借款"账户

B. 借记"财务费用"账户,贷记"预提费用"账户

C. 借记"财务费用"账户,贷记"应付利息"账户

D. 借记"短期借款"账户,贷记"应付利息"账户

19. 企业购进的货物发生非常损失,其增值税进项税额应从"应交税费——应交增值税"账户的(　　)专栏,转入"待处理财产损溢"账户。

A. "进项税额" 　　　　 B. "进项税额转出"

C. "销项税额" 　　　　 D. "已交税金"

20. 对于实际利率与合同利率差异较大的短期借款,应当采用实际利率计算利息费用,利息费用与应付利息之间的差额作为(　　)处理。

A. 财务费用调整 　　　 B. 利息调整

C. 营业外收入 　　　　 D. 管理费用

21. 下列各项中,不应在"应付账款"账户借方登记的是(　　)。

A. 购买材料所形成的应付未付款项

B. 偿还的应付账款

C. 开出商业汇票抵付应付账款的款项

D. 冲销无法支付的应付账款

22. 企业为完成其经营目标所从事的经常性活动以及与之相关的其他活动所引起的应交城市维护建设税应借记(　　)账户。

A. "其他业务成本" 　　 B. "营业税金及附加"

C. "销售费用" 　　　　 D. "主营业务成本"

23. 企业对于到期无力支付的商业承兑汇票,应将应付票据的账

面余额转入（　　）账户的贷方。

  A."应付账款"   B."长期借款"

  C."短期借款"   D."应付债券"

  24. 企业将自产的应纳资源税的产品用于继续生产的产品的原料,其应交纳的资源税应借记（　　）账户。

  A."生产成本"   B."营业税金及附加"

  C."制造费用"   D."管理费用"

  25. 某企业 2008 年 1 月 1 日取得短期借款 1 200 000 元,合同利率为年利率 3‰,实际利率为年利率 4.2‰,该项短期借款于 2008 年 1 月 31 日确认的利息费用是（　　）元。

  A. 36 000   B. 50 400

  C. 4 200   D. 3 000

  26. 企业研究开发项目人员的职工薪酬应直接记入（　　）账户。

  A."生产成本"   B."研发支出"

  C."无形资产"   D."管理费用"

  27. 企业租赁住房给销售部经理无偿使用而各期应付的租金应借记（　　）账户。

  A."销售费用"账户,贷记"应付账款"

  B."管理费用"账户,贷记"其他应付款"

  C."销售费用"账户,贷记"应付职工薪酬"

  D."其他业务成本"账户,贷记"其他应付款"

  28. 企业将拥有的住房提供给生产工人无偿居住,在分配应付职工薪酬时,该住房的折旧应（　　）。

  A. 借记"生产成本"账户,贷记"应付职工薪酬"账户

  B. 借记"制造费用"账户,贷记"应付职工薪酬"账户

  C. 借记"管理费用"账户,贷记"累计折旧"账户

  D. 借记"生产成本"账户,贷记"累计折旧"账户

  29. 企业以其自产产品作为非货币性福利发放给职工的,应当根

据受益对象,按照该产品的( ),计入相关资产成本或当期损益,同时确认应付职工薪酬。

A. 生产成本   B. 可变现净值

C. 账面价值   D. 公允价值

30. 某企业为增值税一般纳税企业,适用的增值税税率为17%,2008年9月购入各种材料1 250 000元,其中购货退回200 000元,销售各种商品2 800 000元,其中发生销售折让100 000元,现金折扣10 000元(仅按售价计算现金折扣),销售退回300 000元,以上价款均为不含税价格,各项业务均办妥相关手续,当月交纳增值税额200 000元。月末,该企业应转入"应交税费——未交增值税"账户贷方的金额是( )元。

A. 263 500   B. 63 500

C. 27 800   D. 29 500

二、多项选择题

1. 下列各项中,应在"应付账款"账户的借方登记的有( )。

A. 偿还的应付账款

B. 已冲销的无法支付的应付账款

C. 购买材料、商品或接受劳务等而发生的应付账款

D. 开出商业汇票抵付应付账款的款项

2. 下列各项中,应通过"应付职工薪酬"账户核算的有( )。

A. 应支付给职工的工资

B. 按国家规定的基准和比例计算,向社会保险经办机构交纳的医疗保险金

C. 将企业的汽车无偿提供给经理使用应计提的折旧费

D. 外商投资企业按规定从净利润中提取的职工奖励及福利基金

3. 企业将生产的应税消费品用于在建工程、职工集体福利等非生

产机构时,按规定应交纳的消费税,应借记(　　)账户,贷记"应交税费——应交消费税"账户。

  A. "工程物资"   B. "应付职工薪酬"

  C. "营业税金及附加" D. "在建工程"

  4. 委托加工物资收回后,用于连续生产的,由受托方代收代缴的消费税可借记(　　)账户。

  A. "生产成本"

  B. "制造费用"

  C. "应交税费——应交消费税"

  D. "委托加工物资"

  5. "应交税费"账户的期末余额如果在借方,反映企业(　　)。

  A. 尚未交纳的税费 B. 多交的税费

  C. 尚未抵扣的税费 D. 少交的税费

  6. 下列各项中,不可从销项税额中抵扣的有(　　)。

  A. 一般纳税人购入的免税农产品,按照买价和规定的扣除率计算的进项税额

  B. 一般纳税人购入固定资产所支付的增值税税额(非增值税转型试点企业)

  C. 一般纳税人购入工程物资所支付的增值税税额(非增值税转型试点企业)

  D. 小规模纳税人购入原材料取得的增值税专用发票上注明的增值税

  7. 企业进口应税物资在进口环节应交的消费税,计入该项物资的成本,借记(　　)账户。

  A. "材料采购"   B. "原材料"

  C. "固定资产"   D. "工程物资"

  8. 委托加工物资属于应税消费品的,一般应由受托方代收代缴税款,委托方按照应由受托方代收代缴的消费税金额,贷记(　　)账户。

A. "应交税费——应交消费税"

B. "应付账款"

C. "银行存款"

D. "委托加工物资"

9. 应付商业汇票到期,如企业无力支付票款,应将应付票据按票面金额转作( )。

A. 短期借款　　　　　　B. 应付账款

C. 营业外收入　　　　　D. 资本公积

10. 企业应交纳的消费税,可能借记( )账户。

A. "营业税金及附加"　　B. "材料采购"

C. "在建工程"　　　　　D. "委托加工物资"

11. 企业应交纳的( ),应借记"管理费用"账户。

A. 土地增值税　　　　　B. 土地使用税

C. 房产税　　　　　　　D. 矿产资源补偿费

12. 下列各项中,不通过"应交税费"账户核算的有( )。

A. 应交的教育费附加　　B. 矿产资源补偿费

C. 存入保证金　　　　　D. 耕地占用税

13. 下列各项中,应借记"财务费用"账户的有( )。

A. 所支付的银行承兑汇票的手续费

B. 按规定计算的短期借款利息费用

C. 因在折扣期限内付款而获得的现金折扣

D. 转销确实无法支付的应付账款

14. 下列各项中,属于职工薪酬的有( )。

A. 职工工资　　　　　　B. 职工福利费

C. 养老等社会保险　　　D. 非货币性福利

15. 下列各项中,属于"其他应付款"账户核算内容的有( )。

A. 应付出租包装物租金

B. 收取的出租包装物押金

    C. 存入保证金

    D. 应支付给有关人员或单位的现金溢余

16. 企业以承兑的商业汇票抵付应付账款时,会涉及(　　)账户。

    A. "材料采购"

    B. "应付账款"

    C. "应付票据"

    D. "应交税费——应交增值税(进项税额)"

17. 下列各项中,属于视同销售行为,企业应计算应交增值税,并贷记"应交税费——应交增值税(销项税额)"账户的有(　　)。

    A. 企业将购买的货物分配给股东

    B. 企业将委托加工的货物用于集体福利消费

    C. 企业将自产的货物作为投资

    D. 企业的产成品发生非常损失

18. 委托加工物资收回后,由受托方代收代缴的消费税可借记(　　)账户。

    A. "应交税费——应交消费税"

    B. "委托加工物资"

    C. "银行存款"

    D. "应付账款"

19. 下列各项中,属于职工薪酬的有(　　)。

    A. 住房公积金

    B. 职工离职后支付给其被赡养人的生活补助

    C. 定期给职工体检而支付给医疗机构的体检费

    D. 无偿提供给职工居住的房屋的折旧费

20. 企业支付短期借款利息时,可能借记的会计账户有(　　)。

    A. "短期借款"　　　　　　B. "银行存款"

    C. "预提费用"　　　　　　D. "财务费用"

21. 城市维护建设税是以(　　)为计税依据征收的一种税。

A. 增值税   B. 消费税

C. 营业税   D. 所得税

22. 下列各项中,企业应通过"其他应付款"账户核算的有( )。

 A. 矿产资源补偿费   B. 应交的教育费附加

 C. 应付各种赔款   D. 存入保证金

23. 企业生产部门人员的职工薪酬应记入( )账户。

 A. "生产成本"   B. "在建工程"

 C. "制造费用"   D. "劳务成本"

24. 下列各项中,应通过"应付账款"账户的贷方反映的有( )。

 A. 购买材料的货款

 B. 购买包装物而由供应方垫付的运杂费

 C. 委托加工物资的加工费

 D. 应付水电费

25. 下列各项中,"预收账款"账户贷方登记的有( )。

 A. 预收货款的数额

 B. 企业向购货方发货后冲销的预收货款的数额

 C. 购货单位补付货款的数额

 D. 退回购货方多付货款的数额

26. 下列各项中,属于非货币性福利的有( )。

 A. 职工福利费

 B. 企业将自产的啤酒发放给职工作为福利

 C. 企业向职工发放大型商场的购物券作为福利

 D. 企业免费向职工提供的午餐

27. 下列各款项中,一定记入"财务费用"账户借方的有( )。

 A. 支付银行承兑汇票的手续费

 B. 资产负债表日按实际利率计算的应付债券的利息费用

 C. 销货企业实际发生的现金折扣

 D. 公司发行股票支付的手续费、佣金等交易费用

28. 下列各项中,应通过"应交税费"账户核算的有( )。

    A. 矿产资源补偿费   B. 印花税

    C. 教育费附加   D. 耕地占用税

29. 下列各项中,不通过"应交税费"账户核算的有( )。

    A. 增值税   B. 印花税

    C. 耕地占用税   D. 契税

30. 企业委托外单位加工的物资所负担的消费税,可能借记的会计账户有( )。

    A. "应交税费——应交消费税"

    B. "委托加工物资"

    C. "管理费用"

    D. "营业税金及附加"

三、判断题

1. 企业职工福利费等职工薪酬,国家(或企业年金计划)没有明确规定计提基础和计提比例,企业应当根据历史经验数据和实际情况,合理预计当期应付职工薪酬。一经预计,不得调整。( )

2. 企业将购置的电脑无偿提供给职工使用的,应根据受益对象,按所购置电脑的成本,计入相关资产成本或当期损益,同时确认应付职工薪酬。( )

3. 企业受托加工或翻新改制金银首饰按照规定由受托方交纳消费税,委托方不必对应由受托方交纳的消费税进行会计处理。( )

4. 企业难以确定受益对象的职工薪酬,应直接计入当期损益和应付职工薪酬。( )

5. 实行产品保修承诺的企业,根据经验或其他信息合理预计的已销产品的修理费用构成企业对客户的一项负债。( )

6. 企业以商业保险形式提供的给职工的各种保险待遇也属于企业提供的职工薪酬。( )

7. 企业将购入的货物用于非应税项目、集体福利或个人消费属于视同销售行为,计算应交增值税。　　　　　　　　　　（　　）

8. 企业委托加工物资收回后用于连续生产的,应按已由受托方代收代缴的消费税借记"应交税费——应交消费税"账户。　（　　）

9. 企业将自产的货物赠送他人,应视同销售物资计算应交增值税,借记"应付职工薪酬"账户,贷记"应交税费——应交增值税(进项税额转出)"等账户。　　　　　　　　　　　　　　　（　　）

10. 企业经过决策机构决议确定分配给投资者的利润,通过"应付股利"账户核算。　　　　　　　　　　　　　　　（　　）

11. 企业在生产工人因病休假时,按照计件工资标准的一定比例支付的工资,也属于职工工资范畴,在生产工人休假时,不应从工资总额中扣除。　　　　　　　　　　　　　　（　　）

12. 对于实际利率与合同利率差异较大的短期借款,企业应当在资产负债表日采用实际利率计算利息费用,计入当期财务费用,同时按相同金额确认应付利息。　　　　　　　　　（　　）

13. 企业支付长期借款利息时,借记"财务费用"、"应付利息"账户,贷记"银行存款"账户。　　　　　　　　　　　（　　）

14. 企业所支付的银行承兑汇票的手续费应当计入应付票据。　　　　　　　　　　　　　　　　　　　　　　　（　　）

15. 应付账款附有现金折扣的,应按应付款总额扣除现金折扣后的金额作为应付账款的入账金额。　　　　　　　　（　　）

16. 企业结算应付职工薪酬时,其代扣的款项应贷记"其他应付款"账户。　　　　　　　　　　　　　　　　　　（　　）

17. 企业上交上期应交未交增值税时,借记"应交税费——应交增值税(已交税金)"账户,贷记"银行存款"账户。　（　　）

18. 冲销无法支付的应付账款时,应贷记"营业外收入"账户。　　　　　　　　　　　　　　　　　　　　　　（　　）

19. 企业将生产的应税消费品用于在建工程时,按规定应交纳的消费税,借记"在建工程"账户,贷记"应交税费——应交消费税"账户。

（　　）

20. 应付职工薪酬包括职工在职期间和离职后提供给职工的全部货币性薪酬和非货币性福利。（　　）

21. 职工福利费、工会经费、职工教育经费和非货币性福利这四项因职工提供服务而产生的义务都属于应付职工薪酬。（　　）

22. 企业按规定计算出应交的矿产资源补偿费应记入"其他应交款"账户的贷方。（　　）

23. 用于购建固定资产的长期借款,在固定资产达到预定可使用状态前,所发生的利息支出,计入所购建固定资产的价值。（　　）

24. 某小规模纳税企业销售产品一批,所开出的普通发票中注明货款为 36 888 元,增值税征收率为 6%,则其应纳增值税为 2 213.28元。（　　）

25. 单位将不动产无偿赠与他人,应视同销售不动产,并计算应交营业税,贷记"应交税费——应交营业税"账户。（　　）

26. 企业提供给职工子女的福利不属于应付职工薪酬。（　　）

27. 企业无法支付到期商业汇票,应按应付本息金额将其转入"应付账款"账户。（　　）

28. 企业应当在职工在职期间和离职后,根据职工提供服务的受益对象,将应确认的职工薪酬计入相关资产成本或当期费用,同时确认为应付职工薪酬。（　　）

29. 预收货款不多的企业,可以不设置"预收账款"账户,其所发生的预收货款,可通过"应付账款"账户核算。（　　）

30. 董事会或类似机构提议分派的现金股利或利润,不作为应付股利核算。（　　）

四、计算分析题

1. 甲企业为增值税一般纳税企业,适用的增值税税率为 17%,原

材料采用实际成本计价核算,不考虑运费的增值税。该企业 2008 年 6 月,发生以下经济业务:

(1) 1 日,从 A 公司购入材料一批,价款 50 万元,增值税额 8.5 万元,供货单位代垫运杂费 0.6 万元。材料已验收入库,款项尚未支付。

(2) 5 日,根据与 B 公司签订的供货合同,收到 B 公司开出的转账支票 20 万元,以预付材料采购款。

(3) 10 日,通过银行支付 1 日从 A 公司购入材料的货款及其他款项。

(4) 25 日,将商品发到 B 公司,B 公司验收合格。甲企业开出增值税专用发票,注明价款 32 万元,增值税额 5.44 万元。

(5) 28 日,收到 B 公司开出的转账支票 17.44 万元,以补付货款。

(6) 30 日,收到供电部门通知,甲企业本月应付电费 12 万元,其中生产车间电费 10 万元,行政管理部门电费 2 万元。

(7) 30 日,甲企业确定一笔 16 万元的应付账款无法支付,予以转销。

要求:编制上述经济业务的会计分录(单位:万元)。

2. 某企业 2008 年 1 月 31 日,从工商银行借入资金 600 万元,期限 8 个月,合同利率 7%。

要求(单位:万元):

(1) 编制取得借款时的会计分录。

(2) 编制 2 月、4 月、5 月、7 月、8 月各月月末计算确定利息费用的会计分录。

(3) 编制 3 月、6 月月末支付当季应付利息的会计分录。

(4) 编制 9 月 30 日还本付息的会计分录。

五、综合题

1. 某工业企业为增值税一般纳税人,适用的增值税税率为 17%,存货按实际成本核算。2007 年 12 月发生下列与职工薪酬相关的交易

或事项:

(1) 根据职工的技术等级、职称、出勤记录、岗位分布等资料计算出应支付给各职工的工资数额编制工资费用分配表,该表显示当月全体职工的工资总额为 180 万元,其中产品生产工人工资为 120 万元,车间管理人员工资为 10 万元,行政管理人员工资为 30 万元,专设的销售机构人员工资为 20 万元。企业会计人员根据工资费用分配表分配工资费用,确认应付职工薪酬。

(2) 企业根据经验和历史数据,计算当月应补贴职工食堂的职工福利费为每人 120 元,各岗位职工人数分布情况如下:产品生产工人 300 人,车间管理人员 12 人,行政管理人员 25 人,专设的销售机构人员 23 人。企业会计人员根据补贴标准计算分配职工福利费并确认应付职工薪酬。

(3) 企业根据国家规定基准和比例计算确定职工基本养老保险、医疗保险、失业保险等社会保险费 18 万元,其中产品生产工人社会保险费 12 万元,车间管理人员社会保险费 1 万元,行政管理人员社会保险费 3 万元,专设的销售机构人员社会保险费 2 万元。企业会计人员根据规定的基准和比例计算分配职工福利费并确认应付职工薪酬。

(4) 企业根据国家规定基准和比例计算确定职工住房公积金 14.4 万元,其中产品生产工人住房公积金 9.6 万元,车间管理人员住房公积金 0.8 万元,行政管理人员住房公积金 2.4 万元,专设的销售机构人员住房公积金 1.6 万元。企业会计人员根据规定的基准和比例计算分配职工住房公积金并确认应付职工薪酬。

(5) 根据企业经理会的决定,将企业生产的白酒作为职工福利发放给职工,每位职工发放两瓶。该种白酒的实际生产成本 40 元/瓶,公允价值 60 元/瓶。根据税法的规定计算出该种白酒在公允价值为 60 元/瓶时应交纳的消费税为 15.5 元/瓶。企业会计人员根据经理会的决定计算分配职工福利费并确认应付职工薪酬。

(6) 企业将生产的黄酒用于企业下设的职工食堂,作为企业按规定拨付给职工食堂的补贴。该批黄酒的生产成本 1 200 元,市场价格 1 800 元,根据税费规定计算的应交纳的消费税 240 元。企业会计人员按职工人数分配职工福利并确认应付职工薪酬。

(7) 企业将上月购置的两辆轿车无偿提供给两名副经理使用,两辆轿车的原价 94 万元。该种轿车的预计使用寿命 5 年,预计净残值 4 万元,按平均年限法计提折旧。企业会计人员确认应付职工薪酬。

(8) 按规定的基准和比例计算应提取的工会经费 2.7 万元,其中产品生产工人提取的工会经费 1.8 万元,车间管理人员提取的工会经费 0.15 万元,行政管理人员提取的工会经费 0.45 元,专设的销售机构人员提取的工会经费 0.3 万元。企业会计人员根据规定的基准和比例计算分配提取的工会经费并确认应付职工薪酬。

(9) 企业提取现金 170 万元并将其发放给职工,同时代扣职工房租 1.2 万元,收回代垫的职工家属医药费 0.6 万元,计算应代扣代缴的个人所得税 8.2 万元。

(10) 月初提取现金 18 万元,并支付给职工食堂。

(11) 月末汇总出实际补贴食堂的职工福利费发生金额为 110 元/人,预计金额超过实际发生金额的部分予以冲回。

(12) 通过银行向社会保险机构支付已确认的各项社会保险费。

(13) 通过银行向住房公积金管理中心支付已确认的住房公积金。

(14) 通过银行向工会部门支付提取的工会经费。

(15) 向职工实际发放企业生产的黄酒,并按规定计算相关税费、确认收入、结转成本。

(16) 计提两名副经理无偿使用轿车的折旧额。

(17) 向职工食堂交付生产的黄酒,并结转成本、计算相关税费。

要求:编制上述交易或事项的会计分录。

2. 红星企业适用的增值税税率为 17%,其生产的产品同时需要交纳消费税,适用的消费税税率为 10%。2008 年 4 月份发生以下经济业务:

（1）根据合同委托甲公司加工物资一批。1 日发出加工材料一批,实际成本 50 万元,以银行存款支付运杂费 0.5 万元。

（2）10 日,销售商品一批,增值税专用发票上注明的价款 150 万元,增值税额 25.5 万元,款项已收存银行。该批商品的实际成本 100 万元。

（3）12 日,企业将生产的应税消费品用于在建工程,该批产品实际成本 32 万元,公允价值(计税价格)35 万元。

（4）19 日,企业领用自产的应税消费品一批发放给职工作为福利,该批产品的实际成本 15 万元,公允价值(计税价格)22.5 万元。

（5）26 日,收回委托甲公司加工的物资,以银行存款支付加工费 4 万元,运杂费 0.6 万元,甲公司按规定的税率代扣代缴增值税和消费税。委托加工物资已于当天验收入库,红星企业决定其中的一半用于进行加工应税消费品,另一半直接用于对外销售。

要求：编制上述经济业务的会计分录并作相关的计算(单位：万元)。

3. 红星企业当月发生的与应付职工薪酬相关的经济业务事项如下：

（1）根据工资费用发放表,应发放给生产工人的工资及奖金 100 万元,车间管理人员的工资及奖金 30 万元,行政管理人员工资及奖金 40 万元,专设的销售机构人员的工资及奖金 35 万元,在建工程人员工资及奖金 20 万元,研究开发人员的工资及奖金 15 万元。

（2）分别按工资总额的 2%、1.5%、12% 计提工会经费、职工教育经费、养老等各项社会保险费。

（3）以外购的商品向职工发放福利,外购商品的成本 36 万元,公允价值 50 万元,该企业适用的增值税税率 17%,外购商品的 42% 发放给生产工人,12% 发放给车间管理人员,17% 发放给行政管理人员,15% 发放给专设的销售机构人员,8% 发放给在建工程人员,6% 发放给研究开发人员。

（4）将企业拥有的住房无偿提供给职工居住，当月生产工人无偿居住住房的折旧费 11 万元，行政管理人员 7 万元，在建工程人员 3 万元，研究开发人员 4 万元。

（5）通过银行实际发放工资 215 万元，发放工资时扣还代垫的职工家属医药费 13 万元，职工购入负担的房租 9 万元，代扣职工个人所得税 3 万元。

要求：编制上述经济业务事项的会计分录（单位：万元）。

参 考 答 案

一、单项选择题

1. C　2. B　3. C　4. A　5. A　6. C　7. D　8. C　9. B
10. C　11. B　12. C　13. C　14. D　15. C　16. D　17. D
18. C　19. B　20. B　21. A　22. B　23. A　24. A　25. C
26. B　27. C　28. A　29. D　30. D

二、多项选择题

1. ABD　2. ABCD　3. BD　4. CD　5. BC　6. BCD
7. ABCD　8. BC　9. AB　10. ABCD　11. BCD　12. CD　13. AB
14. ABCD　15. ABCD　16. BC　17. BC　18. AB　19. ABCD
20. CD　21. ABC　22. CD　23. ACD　24. ABCD　25. AC
26. BCD　27. AC　28. AC　29. BCD　30. AB

三、判断题

1. ×　2. ×　3. √　4. ×　5. √　6. √　7. ×　8. ×
9. ×　10. √　11. ×　12. ×　13. √　14. ×　15. ×　16. ×
17. ×　18. √　19. √　20. √　21. √　22. ×　23. ×　24. ×

25. ✓　26. ✗　27. ✗　28. ✗　29. ✗　30. ✓

四、计算分析题

1. （1）借：原材料 50.6

　　　　应交税费——应交增值税（进项税额） 8.5

　　　贷：应付账款 59.1

（2）借：银行存款 20

　　　贷：预收账款 20

（3）借：应付账款 59.1

　　　贷：银行存款 59.1

（4）借：预收账款 37.44

　　　贷：主营业务收入 32.00

　　　　应交税费——应交增值税（销项税额） 5.44

（5）借：银行存款 17.44

　　　贷：预收账款 17.44

（6）借：制造费用 10

　　　管理费用 2

　　　贷：应付账款 12

（7）借：应付账款 16

　　　贷：营业外收入 16

2. （1）借：银行存款 600

　　　贷：短期借款 600

（2）2月、4月、5月、7月、8月各月月末按合同利率计算确定利息费用和应付未付利息。

$$600×7\%÷12=3.5（万元）$$

借：财务费用 3.5

　贷：应付利息 3.5

（3）3月末支付当季应付利息。

借：应付利息   3.5

    财务费用   3.5

  贷：银行存款   7.0

6月末支付当季应付利息的会计分录。

借：应付利息   7.0

    财务费用   3.5

  贷：银行存款   10.5

（4）借：应付利息   7.0

    财务费用   3.5

    短期借款   600.0

  贷：银行存款   610.5

五、综合题

1.（1）分配工资费用、确认应付职工薪酬。

借：生产成本   1 200 000

    制造费用   100 000

    管理费用   300 000

    销售费用   200 000

  贷：应付职工薪酬——工资   1 800 000

（2）分配职工福利费、确认应付职工薪酬。

借：生产成本   36 000

    制造费用   1 440

    管理费用   3 000

    销售费用   2 760

  贷：应付职工薪酬——职工福利   43 200

（3）分配社会保险费、确认应付职工薪酬。

借：生产成本　　　　　　　　　　　　　　　　　120 000

　　制造费用　　　　　　　　　　　　　　　　　10 000

　　管理费用　　　　　　　　　　　　　　　　　30 000

　　销售费用　　　　　　　　　　　　　　　　　20 000

　　贷：应付职工薪酬——社会保险费　　　　　　180 000

（4）分配住房公积金，确认应付职工薪酬。

借：生产成本　　　　　　　　　　　　　　　　　96 000

　　制造费用　　　　　　　　　　　　　　　　　8 000

　　管理费用　　　　　　　　　　　　　　　　　24 000

　　销售费用　　　　　　　　　　　　　　　　　16 000

　　贷：应付职工薪酬——住房公积金　　　　　　144 000

（5）分配非货币性福利，确认应付职工薪酬。

职工总人数＝300＋12＋25＋23＝360（人）

作为福利发放的白酒实际生产成本总和＝360×2×40＝28 800（元）

作为福利发放的白酒公允价值总和＝360×2×60＝43 200（元）

作为福利发放白酒应交纳的增值税税额＝43 200×17％＝7 344（元）

作为福利发放白酒应交纳的消费税税额＝360×2×15.5＝11 160（元）

应确认的应付职工薪酬总额＝43 200＋7 344＝50 544（元）

应计入直接生产成本的金额＝300×2×60×（1＋17％）＝42 120（元）

应计入制造费用的金额＝12×2×60×（1＋17％）＝1 684.80（元）

应计入管理费用的金额＝25×2×60×（1＋17％）＝3 510（元）

应计入销售费用的金额＝23×2×60×（1＋17％）＝3 229.20（元）

借：生产成本　　　　　　　　　　　　　　　　　42 120.00

　　制造费用　　　　　　　　　　　　　　　　　1 684.80

　　管理费用　　　　　　　　　　　　　　　　　3 510.00

　　销售费用　　　　　　　　　　　　　　　　　3 229.20

　　贷：应付职工薪酬——非货币性福利　　　　　50 544.00

（6）分配职工福利费,确认应付职工薪酬。

应确认的应付职工薪酬＝1 200＋1 800×17％＋240＝1 746(元)

应直接计入生产成本的金额＝1 746×300÷360＝1 455(元)

应计入制造费用的金额＝1 746×12÷360＝58.20(元)

应计入管理费用的金额＝1 746×25÷360＝121.25(元)

应计入销售费用的金额＝1 746×23÷360＝111.55(元)

借：生产成本   1 455.00

  制造费用   58.20

  管理费用   121.25

  销售费用   111.55

  贷：应付职工薪酬——职工福利   1 746.00

（7）按应计提的折旧额确认应付职工薪酬。

无偿提供给副经理使用
的两辆汽车的月折旧额 ＝(94 000－40 000)÷10÷12＝7 500(元)

借：管理费用   7 500

  贷：应付职工薪酬——非货币性福利   7 500

（8）分配提取的工会经费、确认应付职工薪酬。

借：生产成本   18 000

  制造费用   1 500

  管理费用   4 500

  销售费用   3 000

  贷：应付职工薪酬——工会经费   27 000

（9）发放工资。

提现并发放：

借：库存现金   1 700 000

  贷：银行存款   1 700 000

借：应付职工薪酬——工资   1 700 000

  贷：库存现金   1 700 000

代扣款项：

 借：应付职工薪酬——工资   18 000

  贷：其他应收款——职工房租   12 000

      ——代垫医药费   6 000

代扣代缴个人所得税：

 借：应付职工薪酬——工资   82 000

  贷：应交税费——应交个人所得税   82 000

（10）支付给职工食堂补贴。

提取现金：

 借：库存现金   180 000

  贷：银行存款   180 000

将库存现金支付给职工食堂：

 借：应付职工薪酬——职工福利   180 000

  贷：库存现金   180 000

（11）冲回多提的应付职工薪酬。

$$冲回的金额＝360×(120－110)＝3600(元)$$

$$冲回的生产成本＝300×10＝3 000(元)$$

$$冲回的制造费用＝12×10＝120(元)$$

$$冲回的管理费用＝25×10＝250(元)$$

$$冲回的销售费用＝23×10＝230(元)$$

 借：应付职工薪酬——职工福利   3 600

  贷：生产成本   3 000

   制造费用   120

   管理费用   250

   销售费用   230

（12）支付社会保险费。

借：应付职工薪酬——社会保险费 　　　　　　　　180 000

　　贷：银行存款 　　　　　　　　　　　　　　　　180 000

（13）支付住房公积金。

借：应付职工薪酬——住房公积金 　　　　　　　　144 000

　　贷：银行存款 　　　　　　　　　　　　　　　　144 000

（14）支付工会经费。

借：应付职工薪酬——工会经费 　　　　　　　　　　18 000

　　贷：银行存款 　　　　　　　　　　　　　　　　　18 000

（15）向职工发放产品作为福利。

确认收入：

借：应付职工薪酬——非货币性福利 　　　　　　　　50 544

　　贷：主营业务收入 　　　　　　　　　　　　　　43 200

　　　　应交税费——应交增值税（销项税额）　　　　 7 344

结转成本：

借：主营业务成本 　　　　　　　　　　　　　　　　28 800

　　贷：库存商品 　　　　　　　　　　　　　　　　28 800

确认营业税金及附加：

借：营业税金及附加 　　　　　　　　　　　　　　　11 160

　　贷：应交税费——应交消费税 　　　　　　　　　11 160

（16）计提副经理无偿使用轿车的折旧。

借：应付职工薪酬——非货币性福利 　　　　　　　　 7 500

　　贷：累计折旧 　　　　　　　　　　　　　　　　 7 500

（17）向食堂交付生产的黄酒。

借：应付职工薪酬——职工福利 　　　　　　　　　　 1 746

　　贷：库存商品 　　　　　　　　　　　　　　　　 1 200

　　　　应交税费——应交增值税 　　　　　　　　　　 306

　　　　　　　　——应交消费税 　　　　　　　　　　 240

2.（1）借：委托加工物资 　　　　　　　　　　　　 50.5

　　　贷：原材料 　　　　　　　　　　　　　　　　 50.0

　　　　　银行存款 　　　　　　　　　　　　　　　 0.5

（2）借：银行存款　　　　　　　　　　　　　175.5

　　　贷：主营业务收入　　　　　　　　　　　150.0

　　　　应交税费——应交增值税（销项税额）　　25.5

　借：主营业务成本　　　　　　　　　　　　　100

　　贷：库存商品　　　　　　　　　　　　　　100

　借：营业税金及附加　　　　　　　　　　　　15

　　贷：应交税费——应交消费税　　　　　　　15

（3）工程领用自产产品。

　借：在建工程　　　　　　　　　　　　　　41.45

　　贷：库存商品　　　　　　　　　　　　　32.00

　　　应交税费——应交增值税（销项税额）　　5.95

　　　　　　　——应交消费税　　　　　　　3.50

（4）领用产品一批发放给职工作为福利。

发放产品作为福利并确认销售商品收入时：

　借：应付职工薪酬　　　　　　　　　　　　26.325

　　贷：主营业务收入　　　　　　　　　　　22.500

　　　应交税费——应交增值税（销项税额）　　3.825

结转成本时：

　借：主营业务成本　　　　　　　　　　　　　15

　　贷：库存商品　　　　　　　　　　　　　　15

计算应交消费税时：

　借：营业税金及附加　　　　　　　　　　　　2.25

　　贷：应交税费——应交消费税　　　　　　　2.25

（5）代扣代缴的消费税＝[（50＋4）÷（1－10％）]×10％＝6（万元）

　　　代扣代缴的增值税＝4×17％＝0.68（万元）

　　　收回后直接用于销售的物资应负担的消费税＝6÷2＝3（万元）

收回后直接用于
销售的物资的成本 $=(50.5+4+0.6)\div2+0.6=30.55$(万元)

收回后进行加工应税
消费品的物资成本 $=(50.5+4+0.6)\div2=27.55$(万元)

借：委托加工物资   7.60

  应交税费——应交增值税(进项税额)   0.68

     ——应交消费税   3.00

  贷：银行存款   11.28

借：原材料   27.55

  库存商品   30.55

  贷：委托加工物资   58.10

3. (1) 分配工资及奖金。

借：生产成本   100

  制造费用   30

  管理费用   40

  销售费用   35

  在建工程   20

  研发支出   15

  贷：应付职工薪酬——工资   240

(2) 计提工会经费、职工教育经费、养老等各项社会保险费。

借：生产成本   15.500

  制造费用   4.650

  管理费用   6.200

  销售费用   5.425

  在建工程   3.100

  研发支出   2.325

  贷：应付职工薪酬——工会经费   4.800

     ——职工教育经费   3.600

     ——社会保险费   28.800

（3）以外购的商品向职工发放福利。

确认应付职工薪酬：

借：生产成本 24.570

　　制造费用 7.020

　　管理费用 9.945

　　销售费用 0.775

　　在建工程 4.680

　　研发支出 3.510

　　贷：应付职工薪酬——非货币性福利 58.500

确认商品销售收入：

借：应付职工薪酬——非货币性福利 58.5

　　贷：主营业务收入 50.0

　　　　应交税费——应交增值税（销项税额） 8.5

结转外购商品的成本：

借：主营业务成本 36

　　贷：库存商品 36

（4）无偿提供给职工居住的企业拥有的住房的折旧费。

确认应付职工薪酬：

借：生产成本 11

　　管理费用 7

　　在建工程 3

　　研发支出 4

　　贷：应付职工薪酬——非货币性福利 25

计提折旧费：

借：应付职工薪酬——非货币性福利 25

　　贷：累计折旧 25

（5）扣还代垫款项及发放工资。

借：应付职工薪酬——工资　　　　　　　　　　　　　25

　　贷：其他应收款　　　　　　　　　　　　　　　　22

　　　　应交税费——应交个人所得税　　　　　　　　 3

借：应付职工薪酬——工资　　　　　　　　　　　　 215

　　贷：银行存款　　　　　　　　　　　　　　　　 215

第十一章 非流动负债

一、单项选择题

1. 若分期付息,到期还本的债券按面值发行,则资产负债表日按票面利率计算应付未付利息时,应贷记(　　)账户。

　　A. "应付债券——面值"　　B. "应付债券——利息调整"

　　C. "应付利息"　　　　　　D. "应付债券——应计利息"

2. 企业向金融机构借入的 2 年期借款,主要用于对外投资,取得借款时,应贷记(　　)账户。

　　A. "短期借款"　　　　　　B. "长期应付款"

　　C. "长期借款"　　　　　　D. "应付账款"

3. 下列各项中,不影响债券发行价格高低的因素是(　　)。

　　A. 债券票面金额　　　　　B. 债券票面利率

　　C. 发行当时的市场利率　　D. 债券溢价

4. 长期借款的应付未付利息应在资产负债表日按照(　　)计算确定,并贷记"应付利息"账户。

　　A. 合同利率　　　　　　　B. 实际利率

　　C. 计息日的市场利率　　　D. 市场收益率

5. 下列各项中,长期借款按照合同利率计算确定的应付未付利息,应贷记(　　)账户。

　　A. "管理费用"　　　　　　B. "长期借款"

　　C. "财务费用"　　　　　　D. "应付利息"

6. 下列各项中，属于筹建期间的长期借款利息费用应计入（　　）。

A. 财务费用   B. 管理费用

C. 长期待摊费用   D. 长期借款

7. 对于分期付息、到期还本的债券，其按票面利率计算确定的应付未付利息通过（　　）账户核算。

A. "长期待摊费用" B. "应付债券——应计利息"

C. "应付利息"   D. "应付债券——利息调整"

8. 企业发行的可转换公司债券，应当在初始确认时将其包含的负债成分和权益成分进行分拆，将负债成分确认为应付债券，将权益成分确认为（　　）。

A. 股本   B. 留存收益

C. 公允价值变动损益 D. 资本公积

9. 2008年1月1日，大华企业发行的2年期公司债券，实际收到款项193 069元，债券面值200 000元，每半年付息一次，到期还本，票面利率10%，实际利率12%。采用实际利率法摊销溢折价，计算2008年12月31日应付债券的账面余额（　　）元。

A. 193 069   B. 194 653

C. 196 296   D. 200 000

10. 若公司债券溢价发行，溢价按实际利率法摊销，随着溢价的摊销，各期计入财务费用的金额（　　）。

A. 会逐期增加

B. 会逐期减少

C. 与直线法摊销确认的金额相等

D. 一定大于直线法确认的金额

11. 当企业拥有反诉或向第三方索赔的权力而涉及补偿金额时，该补偿金额单独作为一项资产确认的条件是（　　）。

A. 发生的概率大于50%但小于或等于95%

B. 发生的概率大于或等于 5%但小于或等于 50%

C. 发生的概率大于 95%但小于 100%

D. 发生的概率大于 0 但小于或等于 50%

12. 通常认为,某项经济业务"很可能"发生,意味着发生的概率(　　)。

　　A. 大于 50%但小于或等于 95%

　　B. 大于或等于 50%但小于或等于 95%

　　C. 大于或等于 95%但小于或等于 99%

　　D. 大于 95%但小于或等于 99%

13. 胜利公司 2007 年 11 月收到法院通知被某单位提起诉讼,要求胜利公司赔偿违约造成的经济损失 500 万元,至 12 月 31 日,法院尚未作出判决。对于此项诉讼,胜利公司预计有 80%的可能性败诉,需支付赔偿对方 300 万～400 万元,并支付诉讼费用 10 万元。胜利公司 12 月 31 日,需要作的处理是(　　)。

　　A. 确认,在报表附注中披露

　　B. 确认预计负债 360 万元,同时在报表附注中披露有关信息

　　C. 确认预计负债 310 万元,同时在报表附注中披露有关信息

　　D. 确认预计负债 500 万元

14. 下列各项中,有关借款费用停止资本化时点的表述正确的是(　　)。

　　A. 固定资产交付使用时停止资本化

　　B. 固定资产办理竣工决算手续时停止资本化

　　C. 固定资产达到预定可使用状态时停止资本化

　　D. 固定资产建造过程中发生中断时停止资本化

15. 下列各项中,导致固定资产购置或建造过程的中断超过 3 个月时可以继续资本化的情况是(　　)。

　　A. 劳动纠纷　　　　　　B. 施工技术要求

　　C. 发生安全事故　　　　D. 资金周转困难

16. 2008年1月1日，宏达公司为建造一条生产线，借入一笔长期借款，本金为6 000万元，年利率为8%，期限为5年，每年末支付利息，到期还本。工程采用出包方式，于2008年7月1日开工，工程期为2年，2008年相关资产支出如下：7月1日支付工程预付款4 500万元；10月1日支付工程进度款2 400万元；12月1日支付工程进度款900万元，闲置资金因购买国债可取得0.2%的月收益。因专门借款不足，宏达公司动用了两笔一般借款，一笔借款于2005年1月1日借入，本金为1 500万元，年利率为9%，期限为6年，每年年末付息，到期还本；另一笔借款于2008年7月1日借入，本金为1 200万元，年利率为6%，期限为4年，每年年末付息，到期还本。则2008年专门借款利息资本化额为（　　）万元。

    A. 240   B. 231

    C. 36   D. 9

17. 资料同第16题，一般借款在计算利息费用资本化时，2008年资产支出加权平均数为（　　）万元。

    A. 288   B. 900

    C. 300   D. 1 800

18. 资料同第16题，一般借款在计算利息费用资本化时，加权资本化率为（　　）。

    A. 8.14%   B. 8.5%

    C. 8.6%   D. 7.9%

19. 资料同第16题，一般借款在2008年的利息费用资本化额为（　　）万元。

    A. 24.75   B. 27.42

    C. 24.42   D. 30.69

20. 资料同第16题，2008年利息费用资本化额为（　　）万元。

    A. 234   B. 234.42

    C. 231.42   D. 255.42

二、多项选择题

1. 下列各项中,企业取得长期借款时,可能借记( )账户。
   A. "银行存款"   B. "库存现金"
   C. "固定资产"   D. "在建工程"

2. 2007 年 1 月 1 日,红星企业为扩大生产经营发行 3 年期债券,所筹资金用于建造固定资产,该企业每半年计提一次利息。2008 年 6 月 30 日,按实际利率计算确定利息费用时,按规定该期债券产生的实际利息费用的 80% 应予以资本化,则应借记( )账户。
   A. "长期待摊费用"   B. "财务费用"
   C. "在建工程"   D. "管理费用"

3. 下列各项中,债券发行的方式有( )。
   A. 面值发行   B. 折价发行
   C. 市价发行   D. 溢价发行

4. 长期借款的利息费用在资产负债表日应当按照实际利率计算确定,应付未付利息应按照合同利率计算确定,利息费用与应付未付利息之间的差额应( )账户。
   A. 贷记"长期借款——利息调整"
   B. 借记"长期借款——利息调整"
   C. 借记"财务费用"
   D. 贷记"应付利息"

5. 若企业长期借款的实际利率与合同利率差异较小的,计算确定利息费用可采用的利率有( )。
   A. 实际利率   B. 计息日市场利率
   C. 合同利率   D. 平均利润率

6. 为核算应付债券发行、计提利息、还本付息等情况,"应付债券"账户下可设置明细账户的有( )。
   A. 溢折价   B. 面值

C. 利息调整　　　　　　　　D. 应计利息

7. 企业长期借款在资产负债表日按实际利率计算确定的利息费用可借记(　　)账户。

　　A."长期待摊费用"　　　　B."管理费用"

　　C."在建工程"　　　　　　D."财务费用"

8. 下列各项中,有关或有事项披露内容的表述正确的有(　　)。

　　A. 因或有事项而确认的负债应在资产负债表中单列项目反映

　　B. 因或有事项很可能获得的补偿应在资产负债表中单列项目反映

　　C. 已贴现商业承兑汇票形成的或有负债不论其金额大小均应披露

　　D. 当未决诉讼的披露将对企业造成重大不利影响时,可以只披露其形成的原因

9. 甲企业因或有事项很可能赔偿 A 公司 30 万元,同时,因该或有事项,甲企业基本确定可以从 B 公司获得 20 万元的补偿金,甲企业正确的会计处理包括(　　)。

　　A. 登记营业外支出和预计负债 30 万元

　　B. 登记其他应收款和营业外收入 20 万元

　　C. 登记营业外支出和预计负债 10 万元

　　D. 登记营业外支出 10 万元,其他应收款 20 万元和预计负债 30 万元

10. 在估计因或有事项而确认的负债金额时,以下属于正确的选择有(　　)。

　　A. 如果存在一个金额范围,合理估计数是该范围上、下限的平均数

　　B. 如果存在一个金额范围,合理估计数是该范围的上限

　　C. 如果不存在一个金额范围,涉及单个项目,按最可能发生的金额确定

　　　D. 如果不存在一个金额范围,涉及多个项目,按各种可能发生
　　　　的金额及其发生的概率计算确定

11. 下列各项中,应披露的或有负债的内容包括(　　　)。

　　A. 或有负债形成的原因

　　B. 或有负债预计产生的财务影响

　　C. 无法预计或有负债产生财务影响的原因

　　D. 获得补偿的可能性

12. 下列项目中,属于借款费用的有(　　　)。

　　A. 借款手续费用　　　　　　B. 发行公司债券所发生的利息

　　C. 外币借款汇兑损失　　　　D. 发生公司债券折价的摊销

13. 下列各项中,借款费用在资本化时不需要与资产支出相挂钩
的包括(　　　)。

　　A. 借款辅助费用　　　　　　B. 专门借款的利息支出

　　C. 汇兑差额　　　　　　　　D. 一般借款的利息支出

14. 下列各项中,说法正确的有(　　　)。

　　A. 一般借款利息费用资本化计算需结合的资产支出指的是累
　　　 计资产支出超过专门借款的部分

　　B. 汇兑差额资本化不与发生在所购建的固定资产上的支出相
　　　 挂钩

　　C. 在应予资本化的每一会计期间,利息资本化金额不得超过
　　　 实际利息费用额

　　D. 为购建固定资产所借款项派生的辅助费用,发生在停止资
　　　 本化前的部分应予资本化

15. 下列各项中,有关借款费用资本化的论断正确的有(　　　)。

　　A. 为长期股权投资而发生的借款费用,在投资期限内应计入
　　　 该投资成本

　　B. 在购建固定资产过程中,如果发生了非正常中断,则属该期
　　　 间的相关长期借款费用不计入工程成本

C. 一般借款利息费用资本化的计算需结合资产支出的发生额计算

D. 资本化期间,是指从借款费用开始资本化时点到停止资本化时点的期间,借款费用暂停资本化的期间不包括在内

16. 下列各项中,企业为购建固定资产专门借入的款项所发生的借款费用,停止资本化的时点有（　　　）。

A. 所购建固定资产已达到或基本达到设计要求或合同要求时

B. 固定资产的实体建造工作已经全部完成或实质上已经完成时

C. 继续发生在所购建固定资产上的支出金额很少或者几乎不再发生时

D. 需要试生产的固定资产的试生产结果表明资产能够正常生产出合格产品时

三、判断题

1. 实际利率与票面利率差异较小时,应付债券既可按实际利率也可按票面利率计算确定利息费用,并按规定计入有关成本、费用。

（　　　）

2. 对于可转换公司债券的负债成分在转换为股份前的会计处理与一般公司债券没有区别。 （　　　）

3. "长期借款"与"短期借款"账户核算方法相同,既要核算借款本金,又要核算借款利息。 （　　　）

4. 企业发现产品质量保证费用的实际发生额与预计数相差较大时,应及时对预计比例进行调整。 （　　　）

5. 针对特定产品质量保证确认的预计负债,如果由于转产或保修期结束导致该产品保修的负债义务消失,则"预计负债——产品质量保证"余额应予冲销。 （　　　）

6. 在担保涉及诉讼的情况下,企业已经被判决败诉,但是正在上

诉或上一级法院裁定暂缓执行,企业应当在资产负债表日按照判决结果合理估计可能产生的损失金额,同时确认预计负债。　　　（　）

7. 与或有事项有关的义务如果符合确认条件加以确认时,涉及单个项目按最高的估计负债金额入账。　　　（　）

8. 与或有事项有关的义务如果符合确认条件加以确认时,涉及多个项目按各种可能发生的金额和概率计算入账。　　　（　）

9. 因为未决诉讼或仲裁的或有事项披露后可能会对企业产生不利影响,所以企业不需要披露该类信息。　　　（　）

10. 为购建或者生产符合资本化条件的资产而借入专门借款的,应当以专门借款当期实际发生的利息费用确定资本化额。　　　（　）

11. 为购建或者生产符合资本化条件的资产而占用了一般借款的,企业应当根据累计资产支出超过一门借款部分的资产支出加权平均数乘以所占用一般借款的资本化率,计算确定一般借款应予资本化的利息金额。　　　（　）

12. 债券存在折价或者溢价的,应当按照直线法确定每一会计期间应摊销的折价或者溢价金额,调整每期利息金额。　　　（　）

13. 一般借款发生的辅助费用,应当在发生时根据其发生额确认为费用,计入当期损益。　　　（　）

14. 符合资本化条件的资产在购建或者生产过程中发生非正常中断且中断时间连续超过 3 个月的,应当暂停借款费用的资本化。在中断期间发生的借款费用应当确认为费用,计入当期损益,直至资产的购建或者生产活动重新开始。　　　（　）

15. 购建或者生产符合资本化条件的资产达到预定可使用或者可销售状态时,借款费用应当停止资本化。　　　（　）

16. 企业发生的借款费用,可直接归属于符合资本化条件的资产的购建或者生产的,应当予以资本化,计入相关资产成本;其他借款费用,应当在发生时根据其发生额确认为费用,计入当期损益。　　　（　）

17. 符合资本化条件的资产,是指需要经过相当长时间的购建或者生产活动才能达到预定可使用或者可销售状态的固定资产、投资性房地产和存货等资产。　　　　　　　　　　　　　　　（　　　）

四、计算分析题

1. 胜利企业于 2008 年 1 月 1 日发行 2 年期、到期时一次还本付息、合同利率为 6％、面值总额为 1 000 万元的债券，所筹资金用于厂房扩建，其扩建工程支出符合固定资产确认的条件。该债券已按面值发行成功，款项已收存银行。该债券为到期一次还本付息的债券。胜利企业每半年计提一次利息。厂房扩建工程于 2008 年 1 月 1 日开工建设，2008 年 12 月 31 日达到预定可使用状态。2008 年 6 月 30 日计提利息时，按规定实际利息支出的 60％应予以资本化。该债券的合同利率与实际利率一致。2008 年 12 月 31 日计提利息时，按规定实际利息支出的 90％应予以资本化。债券到期时，以银行存款偿还本息。

要求：编制胜利企业按面值发行债券、各期计提债券利息和债券还本付息的会计分录（单位：万元）。

2. 2005 年 1 月 1 日，甲公司发行面值 8 000 000 元、票面利率为 6％、期限为 5 年的债券，发行价格为 8 400 000 元，每年 12 月 31 日计算并支付利息一次，到期还本并支付最后一期利息；甲股份有限公司采用实际利率法摊销债券溢价，实际利率为 4.85％；假设整个过程没有发生相关税费，甲股份有限公司筹集的该项资金没有用于购建或者生产符合资本化条件的资产。

要求：作出甲股份有限公司的账务处理。

3. 假定胜利企业从 2006 年起生产和销售甲、乙两种产品，并建立为售出产品提供售后免费维修的服务体系。

（1）企业为甲产品的质量保证所确认的预计负债在 2007 年年初账面余额为 90 万元，甲产品的质量保证期限为 3 年。该企业对售出的甲产品可能发生的维修费用按照甲产品销售收入的 1.5％～2.5％预计。胜利企业 2007 年甲产品的销售收入及发生的维修费用资料如下

（单位：万元）：

项　　　目	第一季度	第二季度	第三季度	第四季度
甲产品销售收入	3 000	2 400	3 600	1 800
发生的维修费用	45	30	90	60
其中：				
原材料成本	30	24	30	45
人工成本	15	6	15	15
用银行存款支付的其他支出			45	

（2）胜利企业为乙产品质量保证所确认的预计负债在 2007 年年初账面余额为 24 万元，乙产品已于 2007 年 3 月 31 日停止生产，乙产品的售后质量保证截止日期为 2007 年 12 月 31 日。胜利企业库存的乙产品已全部售出。2007 年第四季度发生的乙产品维修费用为 15 万元（均为人工成本），其他各季度均未发生费用。

要求（单位：万元）：

（1）计算对甲产品 2007 年年末应确认的预计负债。

（2）编制对甲产品 2007 年年末确认预计负债相关的会计分录（假定按年编制会计分录）。

（3）编制甲产品 2007 年发生的售出产品维修费用相关的会计分录（假定按年编制会计分录）。

（4）编制乙产品 2007 年与预计负债相关的会计分录（假定按年编制会计分录）。

（5）计算胜利企业 2007 年 12 月 31 日预计负债的账面余额（注明借方或贷方）。

4. 2007 年 1 月 1 日，大华公司动工兴建一办公楼，工程采用出包方式，每半年支付一次工程进度款。公司为建造办公楼于 2007 年 1 月 1 日专户借款 1 000 万元，借款期限为 3 年，年利率为 8%。除此之外，无其他专门借款。办公楼的建造还占用两笔一般借款：银行长期贷款 1 000 万元，期限为 2006 年 12 月 1 日至 2009 年 12 月 1 日，年利率为

6%,按年支付利息。按面值发行公司债券 5 000 万元,发行日为 2006 年 1 月 1 日,期限为 5 年,年利率为 8%,按年支付利息。工程于 2008 年 6 月 30 日完工,达到预定可使用状态。

建造工程资产支出如下:

2007 年 1 月 1 日,支出 750 万元;

2007 年 7 月 1 日,支出 1 250 万元,累计支出 2 000 万元;

2008 年 1 月 4 日,支出 750 万元,累计支出 2 250 万元。

闲置专门借款资金用于固定收益债券短期投资,假定短期投资月收益率为 0.5%;假定全年按 360 天计。

要求:根据上述资料作出大华公司借款费用资本化的相关会计处理(单位:万元)。

五、综合题

胜利企业发生以下与长期借款相关的经济业务:

(1) 2007 年 12 月 31 日,从交通银行借入资金 1 500 万元,借款期限 2 年,合同利率 6%,所借款项已存入银行,所借款项用于建造厂房,长期借款利息于每年的 7 月 1 日和 1 月 1 日支付。

(2) 2008 年 1 月 3 日,购入工程物资一批,价款 850 万元,增值税额 144.5 万元,支付其他相关费用 75 万元。

(3) 2008 年 1 月 5 日,领用工程物资 1 069.5 万元,用于建造厂房。

(4) 2008 年 1~6 月,每月应计工程人员工资 30 万元,每月以银行存款支付其他工程费用 20 万元。

(5) 2008 年 6 月 30 日,按合同利率计算确定 1~6 月长期借款利息费用和应付未付利息均为 45 万元,其中按规定应予资本化的利息支出 37.5 万元。并于 7 月 1 日通过银行支付 1~6 月长期借款利息。

(6) 2008 年 6 月 30 日,厂房工程完工,已达到预定可使用状态,结转厂房工程成本。

(7) 2008 年 12 月 31 日、2009 年 6 月 30 日,分别按合同利率计算确定长期借款利息费用和应付未付利息均为 45 万元。2009 年 1 月 1 日和 7 月 1 日支付利息。

(8) 2009 年 12 月 31 日,归还长期借款的本金和支付最后一期利息。

要求:编制上述经济业务的会计分录并进行相关的计算(单位:万元)。

参 考 答 案

一、单项选择题

1. C 2. C 3. D 4. A 5. D 6. B 7. C 8. D 9. C
10. B 11. C 12. A 13. B 14. D 15. B 16. B 17. C
18. A 19. C 20. D

二、多项选择题

1. ACD 2. BC 3. ABD 4. AB 5. AC 6. BCD 7. BCD
8. ACD 9. AB 10. ACD 11. ABCD 12. ABCD 13. ABC
14. ABCD 15. BCD 16. ABCD

三、判断题

1. × 2. √ 3. × 4. √ 5. √ 6. √ 7. × 8. √
9. × 10. × 11. √ 12. × 13. √ 14. √ 15. √ 16. √
17. √

四、计算分析题

1. (1) 按面值发行债券。

借：银行存款   1 000

  贷：应付债券——面值   1 000

（2）2008 年 6 月 30 日计提利息时。

借：在建工程   18

  财务费用   12

  贷：应付债券——应计利息   30

（3）2008 年 12 月 31 日计提利息时。

借：在建工程   27

  财务费用   3

  贷：应付债券——应计利息   30

（4）2009 年 6 月 30 日和 2009 年 12 月 31 日计提利息时。

借：财务费用   30

  贷：应付债券——应计利息   30

（5）2010 年 1 月 1 日还本付息时。

借：银行存款   1 120

  贷：应付债券——面值   1 000

      ——应计利息   120

2.（1）2005 年 1 月 1 日发行债券时。

借：银行存款   8 400 000

  贷：应付债券——面值   8 000 000

      ——利息调整   400 000

（2）每年末摊销溢价支付利息。

债券溢价摊销表见下页表。

2005 年年末：

    实际利息费用＝8 400 000×4.85％＝407 400（元）

    应付利息＝8 000 000×6％＝480 000（元）

    债券溢价的摊销额＝480 000－407 400＝72 600（元）

债券溢价摊销表（实际利率法）

单位：元

计 息 日 期	利息费用 (1)＝(5)× 4.85%	应付利息 (2)＝面值× 6%	溢价摊销 (3)＝(2)－ (1)	未摊销溢价 (4)＝上一期× (4)－(3)	面值和未摊销 溢价之和(5)＝ 上一期(5)－(3)
20×5年1月1日				400 000	8 400 000
20×5年1月1日	407 400	480 000	72 600	327 400	8 327 400
20×6年1月1日	403 878.9	480 000	76 121.1	251 278.9	8 251 278.9
20×7年1月1日	400 187.02	480 000	79 812.98	171 465.92	8 171 465.92
20×8年1月1日	396 316.09	480 000	83 683.91	87 782.01	8 087 782.01
20×9年1月1日	392 217.99	480 000	87 782.01	0	8 000 000
合　　计	2 000 000	2 400 000	400 000	—	—

借：财务费用　　　　　　　　　　　　　　　407 400

　　应付债券——利息调整　　　　　　　　　72 600

　　贷：银行存款或应付利息　　　　　　　　　　　480 000

2006 年年末：

　　实际利息费用＝(8 400 000－72 600)×4.85%＝403 878.9(元)

　　应付利息＝8 000 000×6%＝480 000(元)

　　债券溢价的摊销额＝480 000－403 878.9＝76 121.1(元)

借：财务费用　　　　　　　　　　　　　　403 878.9

　　应付债券——利息调整　　　　　　　　76 121.1

　　贷：银行存款或应付利息　　　　　　　　　　480 000.0

2007 年年末：

实际利息费用＝(8 400 000－72 600－76 121.1)×4.85%＝400 187.02(元)

应付利息＝8 000 000×6%＝480 000(元)

债券溢价的摊销额＝480 000－400 187.02＝79 812.98(元)

借：财务费用 400 187.02

　　应付债券——利息调整 79 812.98

　　贷：银行存款或应付利息 480 000.00

2008 年年末：

实际利息费用＝(8 400 000－72 600－76 121.1－79 812.98)×

4.85％＝396 316.09(元)

应付利息＝8 000 000×6％＝480 000(元)

债券溢价的摊销额＝480 000－396 316.09＝83 683.01(元)

借：财务费用 396 316.09

　　应付债券——利息调整 83 683.01

　　贷：银行存款或应付利息 480 000.00

2009 年年末：

实际利息费用＝(8 400 000－72 600－76 121.1－79 812.98－83 683.01)×

4.85％＝392 217.99(元)

应付利息＝8 000 000×6％＝480 000(元)

债券溢价的摊销额＝480 000－396 316.09＝87 782.01(元)

借：财务费用 392 217.99

　　应付债券——利息调整 87 782.01

　　　　　　——面值 8 000 000.00

　　贷：银行存款或应付利息 8 480 000.00

3. (1) 2007 年年末。

甲产品应确认的预计负债＝(3 000＋2 400＋3 600＋1 800)×2％＝216(万元)

(2) 2007 年年末,确认甲产品的预计负债(假定按年编制会计分录)。

借：销售费用 216

　　贷：预计负债 216

（3）2007 年发生的售出甲产品维修费用。

借：预计负债　　　　　　　　　　　　　　　　　225

　　贷：原材料　　　　　　　　　　　　　　　　129

　　　　应付职工薪酬　　　　　　　　　　　　　51

　　　　银行存款　　　　　　　　　　　　　　　45

（4）2007 年发生的与乙产品相关的预计负债。

借：预计负债　　　　　　　　　　　　　　　　　15

　　贷：应付职工薪酬　　　　　　　　　　　　　15

借：预计负债　　　　　　　　　　　　　　　　　9

　　贷：销售费用　　　　　　　　　　　　　　　9

（5）2007 年 12 月 31 日预计负债的账面余额。

预计负债贷方余额＝90＋216－225＋（24－15－9）＝81（万元）

4.（1）计算专门借款利息资本化金额。

2007 年专门借款利息资本化金额＝1 000×8％－250×0.5％×6＝72.5（万元）

2008 年专门借款利息资本化金额＝1 000×8％×180÷360＝40（万元）

（2）计算一般借款利息资本化金额。

一般借款资本化率（年）＝（1 000×6％＋5 000×8％）÷（1 000＋5 000）＝7.67％

2007 年占用了一般借款资金的资产支出加权平均数＝1 000×180÷360＝500（万元）

2007 年一般借款利息资本化金额＝500×7.67％＝38.35（万元）

2008 年占用了一般借款资金的资产支出加权平均数＝（1 000＋750）×180÷360＝875（万元）

2008 年一般借款利息资本化金额＝875×7.67％＝67.1125（万元）

（3）公司建造办公楼应予资本化的利息金额。

2007 年利息资本化金额＝72.5＋38.35＝110.85（万元）

2008 年利息资本化金额＝40＋67.1125＝107.1125（万元）

（4）有关利息费用资本化的会计分录。

2007 年：

 借：在建工程   110.85

  贷：应付利息   110.85

2008 年：

 借：在建工程   107.1125

  贷：应付利息   107.1125

五、综合题

（1）2007 年 12 月 31 日。

 借：银行存款   1 500

  贷：长期借款   1 500

（2）2008 年 1 月 3 日。

 借：工程物资   1 069.5

  贷：银行存款   1 069.5

（3）2008 年 1 月 5 日。

 借：在建工程   1 069.5

  贷：工程物资   1 069.5

（4）2008 年 1～6 月每月。

 借：在建工程   50

  贷：应付职工薪酬   30

   银行存款   20

（5）2008 年 6 月 30 日计算确定利息费用和应付未付利息以及支付应付利息。

 借：在建工程   37.5

  财务费用   7.5

  贷：应付利息   45.0

借：应付利息   45
  贷：银行存款   45

（6）2008 年 6 月 30 日结转在建工程成本。

借：固定资产   1 407
  贷：在建工程   1 407

（7）2008 年 12 月 31 日、2009 年 6 月 30 日，分别计算确定长期借款利息费用时。

借：财务费用   45
  贷：长期借款   45

2009 年 1 月 1 日和 7 月 1 日支付利息的会计分录。

借：应付利息   45
  贷：银行存款   45

（8）2009 年 12 月 31 日归还长期借款的本金和支付最后一期利息。

借：长期借款   1 500
    财务费用   45
  贷：银行存款   1 545

第十三章 债 务 重 组

一、单项选择题

1. 红星公司应收宏达公司的账款 6 300 万元已逾期,经协商决定进行债务重组。债务重组内容:一是宏达公司以银行存款偿付红星公司账款 900 万元;二是宏达公司以一项存货和一项股权投资偿付所欠账款的余额。宏达公司该项存货的账面价值为 2 700 万元,公允价值为 3 150 万元;股权投资的账面价值为 310 万元,公允价值为 404 万元。假定不考虑除增值税以外的其他税费,红星公司的债务重组损失为(　　)万元。

    A. 2 363.1　　　　　　　　B. 1 827

    C. 2 898.6　　　　　　　　D. 1 310.50

2. 资料同第 1 题,宏达公司的债务重组收益为(　　)万元。

    A. 3 072.4　　　　　　　　B. 1 316.4

    C. 912.6　　　　　　　　　D. 1 310.5

3. 资料同第 1 题,宏达公司的存货转让损益和股权转让损益分别是(　　)万元。

    A. 450 和 94　　　　　　　B. 1 314.50 和 0

    C. 1 516.48 和 130　　　　D. 312 和 509

4. 胜利公司于 2007 年 2 月 20 日销售一批商品给华丰公司,取得销售收入 20 万元,增值税额 3.4 万元,全部款项均未收回。当年 6 月 30 日,华丰公司因财务困难而无法按期还款,胜利公司与其进行债务重组。协议规定:胜利公司豁免 3.4 万元,延长 4 个月,加收年利率

3％的利息,到期一并还本付息。同时规定,在延长期间的盈利月份再加收年利率为 1.5％ 的利息,如果是亏损月份则不再加收。假定华丰公司 7~10 月的经营利润总额分别为－3 万元、4 万元、2 万元和 8 万元。胜利公司为该项债权计提坏账准备 1 万元。胜利公司确认的未来应收金额和华丰公司确认的未来应付金额分别为( )万元。

    A. 20.2 万元和 20.3   B. 20.3 万元和 20.2

    C. 20.2 万元和 20.2   D. 20.3 万元和 20.3

    5. 资料同第 4 题,胜利公司最终确认的债务重组损失为( )元。

    A. 750   B. 22 000

    C. 21 250   D. 26 500

    6. 资料同第 4 题,华丰公司最终的债务重组收益为( )元。

    A. 750   B. 31 250

    C. 21 250   D. 26 500

    7. 甲公司因现金流量严重不足,无力支付到期债务 80 万元。经债权人同意,甲公司于当年 9 月 10 日以库存商品的一部分抵偿该项债务,该批库存商品账面余额为 70 万元,已提跌价准备 4 万元,公允价格为 60 万元,增值税税率为 17％,消费税税率为 5％,则甲公司在债务重组中应当确认"营业外收入——债务重组收益"( )万元。

    A. 9.8   B. 13.6

    C. 20   D. 6.8

    8. 资料同第 7 题,甲公司在此项债务重组中库存商品的转让损益为( )万元。

    A. －6   B. －9

    C. 0   D. －4

    9. 胜利公司应收乙公司 200 万元。双方协议重组,由乙公司以一批库存商品抵债,该商品的账面成本为 140 万元,已提减值准备 20 万元,公允价值 200 万元,增值税税率为 17％,消费税税率为 5％,由胜利公司另行支付补价 40 万元。胜利公司对该应收账款已提坏账准备 4 万元。则乙公司的债务重组收益为（　　）万元。

    A. 6　　　　　　　　　　B. 10

    C. 4　　　　　　　　　　D. 3

10. 资料同第 9 题,乙公司转让库存商品的损益为（　　）万元。

    A. 70　　　　　　　　　　B. 80

    C. 90　　　　　　　　　　D. 6

11. 企业以低于应付债务账面价值的现金清偿债务的,支付的现金低于应付债务账面价值的差额,应当计入（　　）。

    A. 盈余公积　　　　　　　B. 资本公积

    C. 营业外收入　　　　　　D. 其他业务收入

12. 胜利公司欠乙公司 50 万元货款,到期日为 2008 年 5 月 30 日。胜利公司因财务困难,经协商 2008 年 6 月 15 日与乙公司签订债务重组协议,协议规定胜利公司以价值 25 万元的商品抵偿欠乙公司上述全部债务。2008 年 6 月 20 日,乙公司收到该商品并验收入库。2008 年 6 月 22 日办理了有关债务解除手续。该债务重组的重组日为（　　）。

    A. 2008 年 5 月 30 日　　　B. 2008 年 6 月 15 日

    C. 2008 年 6 月 20 日　　　D. 2008 年 6 月 22 日

13. 胜利公司根据债务重组协议的规定,以一台机器偿还所欠乙公司 50 万元的债务(应付账款),该机器原价 60 万元,已提折旧 5 万元,没有减值准备,该设备的公允价值为 49 万元,假定无相关税费。乙公司对该重组债权计提坏账准备 2.5 万元。假定不考虑其他税费,则乙公司应分别确认债务重组收益、设备转让损益（　　）万元。

    A. 1,-6　　　　　　　　B. -5,0

    C. 1,0　　　　　　　　　D. -6,0

14. 甲股份有限公司以债务转为资本的方式清偿所欠乙公司的债务,乙公司对接受的股权作为长期股权投资。则乙公司所接受股权的入账价值应为( )。

A. 重组债权的账面余额 B. 重组债权的账面价值

C. 股权在甲公司的账面余额 D. 股权的公允价值

15. 2007 年 1 月 10 日,丰丰公司销售一批材料给大明公司,同时收到大明公司签发并承兑的一张面值为 200 万元、年利率为 7%、6 个月期限、到期还本付息的票据。7 月 10 日,大明公司发生财务困难,无法承兑票据,经双方协议,丰丰公司同意大明公司用一台设备抵偿该应收票据。该设备历史成本为 240 万元,累计折旧为 60 万元,评估确认的公允价值为 190 万元,假定不考虑相关税费。该设备于 7 月 11 日运往丰丰公司,则大明公司应确认的债务重组收益为( )万元。

A. 10 B. 190

C. 11 D. 17

16. 胜利公司应收乙公司 500 万元。双方协议重组,由乙公司以一幢房产抵债,该房产原价 1 000 万元,已提折旧 350 万元,已提减值准备 250 万元,公允价值 550 万元,营业税税率为 5%。由胜利公司另行支付补价 60 万元。胜利公司对该应收账款已提坏账准备 30 万元。则胜利公司应贷记"资产减值损失"( )万元。

A. 15 B. 10

C. 20 D. 25

17. 资料同第 16 题,乙公司的债务重组收益和房产的转让损益分别为( )万元。

A. 10;150 B. 30;100

C. 100;122.5 D. 10;122.5

18. 2006 年 3 月 6 日,丰丰公司销售一批商品给大明公司,开出的增值税专用发票上注明销售价款为 900 万元,增值税额为 153 万元,大明公司签发并承兑 6 个月期限、年利率 6% 的商业承兑汇票一张。同年 9 月 6 日票据到期,大明公司发生财务困难,无法兑付票据本息,丰丰公司将到期值转入应收账款后不再计息,第三季度末对外提供中期报告时计提坏账准备 90 万元。经双方协商,丰丰公司同意减免大明公司 225 万元的债务,余款用现金立即偿还。丰丰公司债务重组损失是( )万元。

A. 135   B. 225

C. 769.6   D. 454.6

二、多项选择题

1. 下列各项中,有关债务重组的论断正确的有( )。

A. 在债务重组中,债务人和债权人均可能产生债务重组收益

B. 债务重组以现金清偿债务、非现金资产清偿债务、债务转为资本、修改其他债务条件等方式的组合进行的,债务人应当依次以支付的现金、转让的非现金资产公允价值、债权人享有股份的公允价值冲减重组债务的账面价值,再按照修改其他债务条件的债务重组会计处理规定进行处理

C. 修改其他债务条件的,债权人应当将修改其他债务条件后的债权的公允价值作为重组后债权的账面价值,重组债权的账面余额与重组后债权的账面价值之间的差额,比照以现金清偿债务的债务重组会计处理规定进行处理

D. 在附或有条件的债务重组中,债务人应按或有事项的处理原则将未来可能的支付额列入"预计负债",并以此口径认定债务重组收益,而债权人则不认定此或有事项

2. 下列各项中,有关附或有条件的债务重组的表述正确的有( )。

A. 计算未来应付金额时应包含或有支出

B. 计算未来应付金额时应包含或有收益

C. 计算未来应付金额时不应包含或有支出

D. 计算未来应付金额时不应包含或有收益

3. 红星企业 2006 年 6 月 30 日从某银行取得年利率 10%、3 年期

的贷款 300 万元。现因红星企业财务困难,于 2009 年 12 月 31 日进行债务重组,银行同意延长到期日至 2012 年 12 月 31 日,年利率降至 7%,免除积欠利息 105 万元,本金减至 240 万元,利息按年支付,但附有一条件;债务重组后,如红星企业自 2011 年起有盈利,则利率恢复至 10%,若无盈利,仍维持 7% 的利率。则红星企业和某银行的有关计算正确的有( )。

  A. 红星企业重组日应付债务的账面价值 $=300 \times (1+10\% \times 3.5)=405$(万元)

  B. 红星企业将来应付金额 $=240 \times (1+7\% \times 3)+1\,200 \times 3\% \times 2=304.8$(万元)

  C. 某银行重组日应收债权账面余额 $=300 \times (1+10\% \times 3.5)=405$(万元)

  D. 某银行将来应收金额 $=240 \times (1+7\% \times 3)=290.4$(万元)

4. 下列各项中,不属于债务重组的有( )。

  A. 债务人发行的可转换债券按正常条件转换为股权

  B. 债务人破产清算是以低于债务账面价值的现金清偿债务

  C. 债务人因临时资金周转困难以非现金资产抵偿债务

  D. 债务人借新债还旧债

5. 下列各项中,有关非现金资产抵债方式下债务重组的论断正确的有( )。

  A. 抵债资产为存货的,应当视同销售处理,按存货的公允价值确认商品销售收入,同时结转商品的销售成本,认定相关的税费

  B. 抵债资产为固定资产、无形资产的,其公允价值和账面价值的差额,计入营业外收支

  C. 抵债资产为长期股权投资的,其公允价值和账面价值的差额,计入投资收益

  D. 以非现金资产清偿债务的,债权人应当对受让的非现金资

产按其公允价值入账,重组债权的账面余额与受让的非现金资产的公允价值之间的差额,在符合金融资产终止确认条件时,计入当期损益(营业外支出)

6. 下列各项中,关于债务重组日表述正确的有( )。

A. 债务重组日可能是债务到期前、到期日或到期后

B. 用低于应付债务的现金清偿,在债权人现金到账并办理有关债务解除手续,作为债务重组日

C. 用存货清偿,在债权人收到存货并办理有关债务解除手续后,作为债务重组日

D. 将债务转为资本,在办妥增资批准手续并向债务人出具出资证明时,作为债务重组日

7. 债务人以非现金资产抵偿债务时,用以抵偿债务的非现金资产公允价值(如果是存货还要加上相应的销项税额)与重组应付债务账面价值的差额,不可能计入( )。

A. 资本公积   B. 管理费用

C. 营业外收入   D. 资产减值损失

8. 企业以低于应付债务账面价值的现金清偿债务的,支付的现金低于应付债务账面价值的差额,不应当计入( )。

A. 盈余公积   B. 资本公积

C. 营业外收入   D. 其他业务收入

三、判断题

1. 以现金清偿债务的,债权人应当将重组债权的账面余额与收到的现金之间的差额,计入当期损益(营业外支出);债权人已对债权计提减值准备的,应当先将该差额冲减减值准备,减值准备不足以冲减的部分,计入"营业外支出";不足冲减的,作为当期资产减值损失的抵减予以确认。 ( )

2. 在债务重组涉及或有条件的情况下,债权人和债务人的会计处

理都遵循了谨慎原则。　　　　　　　　　　　　　　　　　（　　）

3. 在修改债务条件涉及或有收益的债务重组中,债权人在债务重组时应当将或有收益包含在未来应收金额之中。　　　　（　　）

4. 修改后的债务条款如涉及或有应付金额,且该或有应付金额符合《企业会计准则第 13 号——或有事项》中有关预计负债确认条件的,债务人应当将该或有应付金额确认为预计负债。重组债务的账面价值,与重组后债务的入账价值和预计负债金额之和的差额,计入当期损益(营业外收入)。　　　　　　　　　　　　　　　　　　　（　　）

5. 在债务重组中,债务人以现金、非现金资产两种方式的组合清偿债务的,债务人应先以支付的现金冲减重组债务的账面价值,再按以非现金资产清偿债务的会计原则进行处理。　　　　　　（　　）

6. 如果债务人以低于重组应付债务账面价值的现金清偿债务,则债务人确认的债务重组收益金额与债权人确认的债务重组损失金额是相等的。　　　　　　　　　　　　　　　　　　　　　（　　）

7. 以非现金资产清偿债务的,债务人应当将重组债务的账面价值与转让的非现金资产公允价值之间的差额,计入当期损益(营业外收入)。转让的非现金资产公允价值与其账面价值之间的差额,计入当期损益。抵债资产为存货的,应当视同销售处理,按存货的公允价值确认商品销售收入,同时结转商品的销售成本,认定相关的税费。（　　）

8. 在债务重组中,如果涉及多项非现金资产,债权人应按各项非现金资产的公允价值占非现金资产公允价值总额的比例,分配确定各项非现金资产的入账价值。　　　　　　　　　　　　　（　　）

9. 债务重组,是指在债务人发生财务困难的情况下,债权人按照其与债务人达成的协议或者法院的裁定作出让步的事项,如果债权人未作出让步则不能界定为债务重组。　　　　　　　　　（　　）

10. 将债务转为资本的,债务人应当将债权人放弃债权而享有股份的面值总额确认为股本(或者实收资本),股份的公允价值总额与股本(或者实收资本)之间的差额确认为资本公积。重组债务的账面价值与股份的公允价值总额之间的差额,计入当期损益(营业外收入)。　　　　　　　　　　　　　　　　　　　　　　　　(　)

四、计算分析题

1. 红星企业 2007 年 3 月 6 日因购买商品而欠光明企业购货款及税款合计 468 万元。由于红星企业财务发生困难,不能按照合同规定支付货款。于 2008 年 3 月 5 日,双方经协商,红星企业以其生产的产品偿还债务,该产品的销售价格 440 万元,实际成本 393.20 万元,已计提存货跌价准备 2 万元,红星公司收到补价 66.80 万元。光明企业接受红星企业以产品偿还债务时,将该产品作为库存商品入库;光明企业对该项应收账款计提了 8 万元的坏账准备。

要求:根据上述资料,编制红星、光明企业的会计分录(单位:万元)。

2. 光明公司 2008 年 2 月 1 日销售一批商品给宏达公司,收到商业承兑汇票,票面价值 117 万元(含增值税),票面利率 12%,6 个月期限。8 月 1 日到期,由于宏达公司发生财务困难,不能按合同规定支付货款,于 2008 年 8 月 1 日,经与光明公司协商,光明公司同意宏达公司以一台机器设备偿还债务。该项设备的账面原价为 140 万元,已提折旧 5 万元,计提的减值准备为 20 万元,支付清理费用 0.5 万元。该机器设备公允价值为 120.02 万元,宏达公司支付补价 1.8 万元给光明公司。光明公司对该项债权未计提坏账准备。假定不考虑其他相关税费。

要求:根据上述资料,编制宏达、光明公司债务重组的会计分录(单位:万元)。

3. 光明公司 2008 年 4 月 3 日因购买材料而欠东方企业购货款及税款合计为 100 万元,由于光明公司无法偿付应付账款,2008 年 7 月 2 日经双方协商同意,光明公司以普通股偿还债务,普通股面值为 1 元,市价为 2.5 元,光明公司以 24 万股偿还该项债务,假定无相关税费。2008 年 12 月 31 日办理完毕增资手续,东方企业对应收账款提取坏账准备 2 万元。假定东方企业将债权转为股权后,长期股权投资按照成本法核算。

要求:根据上述资料,编制光明公司、东方企业会计分录(单位:万元)。

4. 甲公司 2008 年 2 月 1 日持有乙公司带息的应收票据面值 291.26 万元,票面利率 6%,6 个月期限。由于乙公司资金周转发生困难,于本年 8 月 1 日,经与双方协商进行债务重组,协议如下:

(1) 乙公司以一台设备以及将部分债务转为 5% 的股权合计清偿债务 276 万元。该设备原价 150 万元,已计提折旧 60 万元;公允价值为 108 万元;乙公司用以抵债的股权公允价值为 162 万元,形成实收资本 130 万元。

(2) 将剩余债务的偿债时间延长至 2008 年 12 月 31 日,不考虑利息。

假定不考虑其他税费。

要求:根据上述资料,编制甲公司和乙公司会计分录(单位:万元)。

5. 2007 年 10 月 15 日,甲公司赊销商品给乙公司,价税合计 400 万元,乙公司因资金困难无法偿付,于 2008 年 4 月 1 日双方约定执行如下债务重组条款:

(1) 首先豁免 60 万元的债务。

(2) 由乙公司以一批原材料抵债,该原材料账面成本 192 万元,公允计税价 200 万元,增值税税率为 17%,该物资于 2008 年 4 月 12 日运抵甲公司。

(3) 其余款项延期 3 个月后偿付,如果在第三个月盈余达到 200 万元,则追加偿付 40 万元。

(4) 双方债务解除手续于 2008 年 5 月 1 日办妥。

(5) 甲公司对该应收账款已经提取了 72 万元的坏账准备。

(6) 2008 年 7 月,乙公司实现了盈余 220 万元。

（7）双方于 2008 年 8 月 1 日交割尾款。

要求（单位：万元）：

（1）作出乙公司的会计处理。

（2）作出甲公司的会计处理。

参 考 答 案

一、单项选择题

1. D 2. D 3. A 4. A 5. C 6. B 7. A 8. B 9. A
10. A 11. C 12. D 13. A 14. D 15. D 16. C 17. D
18. A

二、多项选择题

1. BCD 2. AD 3. ABCD 4. ABD 5. ABCD 6. ABCD
7. ABD 8. ABD

三、判断题

1. √ 2. √ 3. × 4. √ 5. √ 6. × 7. √ 8. ×
9. √ 10. √

四、计算分析题

1.（1）红星企业的账务处理。

借：应付账款	468.0
银行存款	66.8
贷：主营业务收入	440.0
应交税费——应交增值税（销项税额）	74.8
营业外收入——债务重组收益	20.0

借：主营业务成本   393.2

 贷：库存商品   393.2

借：存货跌价准备   2

 贷：资产减值损失   2

（2）光明企业的账务处理。

借．库存商品   440.00

  应交税费——应交增值税（进项税额） 74.80

  坏账准备   8.00

  营业外支出——债务重组损失   12.00

 贷：应收账款——红星企业   468.00

   银行存款   66.80

2．（1）宏达公司的账务处理。

借：固定资产清理   115

  累计折旧   5

  固定资产减值准备   20

 贷：固定资产   140

借：固定资产清理   0.5

 贷：银行存款   0.5

借：应付票据——光明公司   124.02

 贷：固定资产清理   120.02

   银行存款   1.80

   营业外收入——债务重组收益   2.20

借：固定资产清理   4.52

 贷：营业外收入——固定资产处置损溢 4.52

（2）光明公司的账务处理。

借：固定资产   120.02

  银行存款   1.80

  营业外支出——债务重组损失   2.20

 贷：应收票据——宏达公司   124.02

3. (1) 光明公司 2008 年 12 月 31 日账务处理。

借：应付账款——东方企业   100

   贷：股本   24

      资本公积——股本溢价   36

      营业外收入——债务重组收益   40

(2) 东方企业的账务处理。

借：长期股权投资   76

   坏账准备   2

   营业外支出——债务重组损失   22

   贷：应收账款——光明公司   100

4. (1) 甲公司的账务处理。

应收票据账面价值 $=291.26 \times (1+6\% \div 2) = 300$（万元）

将来应收金额 $=300-276=24$（万元）

固定资产入账价值金额 $=108$（万元）

长期股权投资入账价值金额 $=162$（万元）

① 2005 年 9 月 8 日有关会计分录：

借：固定资产   108

   长期股权投资   162

   应收账款——债务重组   24

   营业外支出——债务重组损失   6

   贷：应收票据   300

② 2008 年 12 月 31 日有关会计分录：

借：银行存款   24

   贷：应收账款   24

(2) 乙公司的账务处理。

借：固定资产清理   90

   累计折旧   60

   贷：固定资产   150

```
借：应付票据                                      300
    贷：固定资产清理                              108
        实收资本                                  130
        资本公积——资本溢价                       32
        应付账款——债务重组                       24
        营业外收入——债务重组收益                  6
  借：固定资产清理                                 18
    贷：营业外收入——固定资产处置损溢              18
```

5. （1）乙公司的会计处理。

① 对重组当时原材料的抵债进行会计处理：

```
借：应付账款                                      234
    贷：其他业务收入                              200
        应交税费——应交增值税（销项税额）          34
  借：其他业务成本                                192
    贷：原材料                                    192
```

② 再对修改其他债务条件进行会计处理：

```
借：应付账款                                      166
    贷：预计负债                                   40
        应付账款                                  106
        营业外收入——债务重组收益                  20
```

③ 2008 年 7 月，乙公司实现了盈余 220 万元时：

```
借：预计负债                                       40
    贷：应付账款                                    40
```

④ 2008 年 8 月 1 日，交割尾款时：

```
借：应付账款                                      146
    贷：银行存款                                   146
```

（2）甲公司的会计处理。

① 债务重组日：

借：原材料   200

应交税费——应交增值税（进项税额）   34

坏账准备   72

应收账款   106

贷：应收账款   400

资产减值损失   12

② 2008 年 7 月，乙公司实现了盈余 220 万元时：

借：应收账款   40

贷：营业外支出——债务重组损失   40

③ 2008 年 8 月 1 日，交割尾款时：

借：银行存款   146

贷：应收账款   146

第十四章 所有者权益

一、单项选择题

1. 下列各项中,能够引起企业所有者权益减少的是(　　)。
　　A. 以资本公积转增资本　　　B. 股东大会宣告派发现金股利
　　C. 提取法定盈余公积　　　　D. 以盈余公积弥补亏损

2. 我国《公司法》规定,全体股东的货币出资金额不得低于有限责任公司注册资本的(　　)。
　　A. 10%　　　　　　　　　　B. 25%
　　C. 30%　　　　　　　　　　D. 50%

3. 甲公司收到乙公司作为资本投入的原材料一批,该批原材料投资合同约定的价值(不含进项税额)为 20 万元,增值税进项税额为 3.4 万元。乙公司已开具了增值税专用发票。假设合同约定的价值与公允价值相符,该进项税额允许抵扣,不考虑其他因素,甲公司应记入"实收资本"账户的金额为(　　)万元。
　　A. 20　　　　　　　　　　　B. 23.4
　　C. 21.2　　　　　　　　　　D. 18.3

4. 某企业委托券商代理发行股票 1 000 万股,每股面值 1 元,每股发行价格 6 元。按发行价格的 1% 支付券商发行费用,该企业在收到股款时,应记入"资本公积"账户的金额为(　　)万元。
　　A. 4 930　　　　　　　　　　B. 4 940
　　C. 4 950　　　　　　　　　　D. 5 000

5. 如果企业当年实现的净利润为 200 000 元,按 10% 的比例提取法定盈余公积,在假设年初未分配利润为 100 000 元和假设以前年度有未弥补亏损 100 000 元(用税后利润弥补)的情况下,企业应提取的法定盈余公积分别为(   )元。

  A. 20 000 元,20 000   B. 30 000 元,10 000

  C. 30 000 元,20 000   D. 20 000 元,10 000

 6. 采用溢价发行股票方式筹集资本,其"股本"账户所登记的金额是(   )。

  A. 实际收到的款项

  B. 实际收到的款项减去付给证券商的费用

  C. 实际收到的款项加上冻结资金期间的利息收入

  D. 股票面值乘以股份总数

 7. 企业接受非现金资产投资时,应按(   )(其不公允的除外)确定非现金资产价值和在注册资本中应享有的份额。

  A. 投资合同约定的价值

  B. 被投资方确定的价值

  C. 投资方非现金资产的账面价值

  D. 投资方确定的价值

 8. 有限责任公司在增资扩股时,如有新投资者加入,新加入的投资者交纳的出资额大于其在注册资本中所占的份额部分,不记入"实收资本"账户,而作为(   )处理。

  A. 盈余公积   B. 资本公积

  C. 未分配利润   D. 营业外收入

 9. 某企业年初未分配利润为 160 000 元,当年实现净利润为 320 000 元,该企业按净利润的 10% 提取法定盈余公积,按净利润的 5% 提取任意盈余公积,分配现金股利 80 000 元。则该企业年末未分配利润为(   )元。

  A. 320 000   B. 432 000

  C. 352 000   D. 480 000

10. 如果企业的法定盈余公积累计额已达到注册资本的（　　）时可以不再提取。

    A. 20%   B. 50%

    C. 80%   D. 100%

11. 将"本年利润"账户和"利润分配"账户下的其他有关明细账户的余额转入"未分配利润"明细账户后，"未分配利润"明细账户的贷方余额就是（　　）。

    A. 当年实现的净利润   B. 累计留存收益

    C. 累计实现的净利润   D. 累计未分配的利润数额

12. 某股份有限公司按法定程序报经批准采用收购本公司股票方式减资，该公司收购本公司股票 100 万股，收购价格 0.9 元，面值 1 元，发生的佣金、印花税等交易费用 1.5 万元。该公司应增加的资本公积（股本溢价）的金额是（　　）万元。

    A. 1.5   B. 8.5

    C. 10   D. 11.5

13. 如无特殊情况，企业吸收各投资者以工业产权、非专利技术作价出资的总额不得超过注册资本总额的（　　）。

    A. 10%   B. 15%

    C. 20%   D. 30%

14. 股份有限公司按法定程序报经批准采用收购本公司股票方式减资的，购回股票支付的价款（含交易费用）超过其面值总额的，如果资本公积（股本溢价）不足冲减的，应最先冲减（　　）。

    A. 资本公积——其他资本公积

    B. 股本

    C. 未分配利润

    D. 盈余公积

15. 经股东大会或类似机构决议，用资本公积转增资本时，应冲减（　　）。

  A. 资本公积(资本溢价或股本溢价)

  B. 资本公积(其他资本公积)

  B. 留存收益

  D. 未分配利润

16. 下列各项中,属于直接计入所有者权益的利得或损失的是( )。

  A. 所有者投入的资本

  B. 确实无法支付的应付账款

  C. 接受捐赠的非现金资产

  D. 权益法核算下,被投资单位除净损益以外的所有者权益的增减变动

17. 直接计入所有者权益的利得和损失应通过( )账户核算。

  A. "实收资本"   B. "资本公积"

  C. "盈余公积"   D. "利润分配"

18. 甲企业为有限责任公司,甲企业接受丙企业投入一条生产线,该条生产线在丙企业的原价 60 万元,累计折旧 36 万元,投资协议约定的价值 40 万元,协议约定的价值与其公允价值一致,增值税进项税额 6.8 万元(假定不可抵扣)。不考虑其他因素,则甲企业应记入"实收资本"账户的金额为( )万元。

  A. 46.8   B. 60

  C. 40   D. 24

19. 甲股份有限公司经批准采用收购本公司股票方式减资,甲公司以现金回购本公司股票 500 万股并注销,股票的回购价格为 5 元,股票面值 1 元,注销前公司"资本公积——股本溢价"贷方余额 1 400 万元,"资本公积——其他资本公积"贷方余额 250 万元,"盈余公积——法定盈余公积"贷方余额 400 万元,"盈余公积——任意盈余公积"贷方余额 300 万元,"利润分配——未分配利润"贷方余额 1 000 万元。假定该公司先冲减任意盈余公积。则该公司因注销库存股而应冲减的盈

余公积的数额为（　　　）万元。

    A. 600　　　　　　　　　　B. 300

    C. 700　　　　　　　　　　D. 350

20. 甲股份有限公司注册资本为 10 000 万元，2008 年实现的净利润 1 600 万元，年初"未分配利润"明细账户贷方余额 400 万元，2008 年提取盈余公积前法定盈余公积的累计额 2 000 万元。则该公司 2008 年按规定应提取的法定盈余公积的数额是（　　　）万元。

    A. 160　　　　　　　　　　B. 120

    C. 200　　　　　　　　　　D. 0

二、多项选择题

1. 下列各项中，企业增加资本的方式有（　　　）。

    A. 资本公积转增　　　　　　B. 盈余公积转增

    C. 新投资者投入　　　　　　D. 发放现金股利

2. 甲有限责任公司于 2008 年 1 月 1 日向乙公司投资 100 万元，拥有乙公司 20% 的股份，并对乙公司有重大影响。甲公司对乙公司长期股权投资采用权益法核算。2008 年 12 月 31 日，乙公司净损益之外的所有者权益增加了 10 万元，乙公司资产的账面价值与公允价值一致，不考虑其他因素，甲公司应作的会计处理为增加（　　　）2 万元。

    A. "资本公积——股权投资准备"

    B. "长期股权投资"

    C. "资本公积——其他资本公积"

    D. "投资收益"

3. 发行股票相关的手续费、佣金等交易费用，如果是无溢价发行股票或溢价金额不足以抵扣的，不足抵扣的部分可以冲减（　　　）。

    A. 实收资本　　　　　　　　B. 盈余公积

    C. 未分配利润　　　　　　　D. 财务费用

4. 企业提取的盈余公积经批准可以用于（　　　）。

A. 弥补亏损　　　　　　　B. 职工福利

C. 转增资本　　　　　　　D. 发放现金股利

5. 下列各项中,属于企业留存收益的有( )。

A. 资本公积　　　　　　　B. 法定盈余公积

C. 任意盈余公积　　　　　D. 未分配利润

6. 下列各项中,会引起年末未分配利润数额变化的有( )。

A. 企业减资　　　　　　　B. 用资本公积转增资本

C. 本年利润转入　　　　　D. 提取盈余公积

7. 下列各项中,不会引起留存收益总额发生增减变动的有( )。

A. 提取任意盈余公积　　　B. 盈余公积弥补亏损

C. 用盈余公积分配现金股利　D. 用未分配利润分配股票股利

8. 下列各项中,引起非公司制企业实收资本增加的有( )。

A. 接受现金资产投资　　　B. 盈余公积转增资本

C. 资本公积转增资本　　　D. 追加对被投资单位的投资

9. 下列各项中,不会导致企业留存收益减少的有( )。

A. 盈余公积补亏

B. 将提取的盈余公积扩大生产经营

C. 提取任意盈余公积

D. 用当年净利润向投资者分配现金股利

10. 下列各项中,关于未分配利润描述正确的有( )。

A. 未分配利润是企业所有者权益的组成部分

B. 可留待以后年度进行分配,但不得用于弥补亏损

C. 可留待以后年度进行分配的当年结余利润

D. 可留待以后年度进行分配的历年结存利润

11. 公司制企业的盈余公积包括( )。

A. 未分配利润　　　　　　B. 直接计入所有者权益的利得

C. 法定盈余公积　　　　　D. 任意盈余公积

12. 引起企业实收资本增加的项目有( )。

A. 投资者投入非现金资产　　B. 盈余公积转增资本

C. 资本公积转增资本　　　　D. 接受捐赠非现金资产

13. 股份有限公司按法定程序报经批准采用收购本公司股票方式减资的,购回股票注销时可能借记(　　)账户。

A. "股本"　　　　　　　　B. "资本公积——股本溢价"

C. "盈余公积"　　　　　　D. "利润分配——未分配利润"

14. 下列各项中,属于资本公积来源的有(　　)。

A. 资本溢价

B. 股本溢价

C. 处置无形资产形成的利得

D. 权益法下被投资单位因吸收新投资者而增加的资本溢价中投资企业按应享有的份额而增加的数额

15. 直接计入所有者权益的利得应是同时具备下列(　　)特点的经济利益的总流入。

A. 不应计入当期损益　　　B. 会导致所有者权益增加

C. 与所有者投入资本无关　D. 由企业非日常活动所形成

16. 直接计入所有者权益的损失应是同时具备下列(　　)特点的经济利益的流出。

A. 不应计入当期损益　　　B. 会导致所有者权益减少

C. 与向所有者分配利润无关 D. 由企业非日常活动所形成

17. 股份有限公司应在"资本公积"账户下设置(　　)明细账户进行明细核算。

A. "股本溢价"　　　　　　B. "资本溢价"

C. "外币资本折算差额"　　D. "其他资本公积"

18. 企业发生的未弥补亏损,在符合一定的条件下可以用(　　)进行弥补。

A. 盈余公积　　　　　　　B. 以后年度实现的税前利润

C. 税后利润　　　　　　　D. 资本公积

19. 下列各项中,企业"利润分配"账户的核算内容包括( )。

    A. 企业利润的分配   B. 企业亏损的弥补

    C. 历年分配后的未分配利润 D. 历年弥补后的未弥补亏损

20. 下列各项中,"利润分配"账户下可设置的明细账户有( )。

    A. 提取法定盈余公积   B. 提取法定公益金

    C. 盈余公积补亏   D. 未分配利润

21. 下列各项中,一般企业增加资本的途径主要有( )。

    A. 盈余公积弥补亏损   B. 接受投资者追加投资

    C. 资本公积转增资本   D. 盈余公积转增资本

22. 非股份有限公司资本溢价形成的原因一般有( )。

    A. 资本利润率通常要高于企业初创阶段

    B. 新投资者加入企业后要分享企业已有的内部积累

    C. 资本利润率通常要高于银行贷款利率

    D. 新投资者对企业熟悉程度处于不利地位

三、判断题

1. 企业所有者权益来源于所有者投入的资本和留存收益,不应该包括利得和损失。   ( )

2. 企业以盈余公积向投资者分配利润,不会引起留存收益总额的变动。   ( )

3. 企业回购本公司股票时,应通过"库存股"账户进行核算。( )

4. 在溢价发行股票的情况下,企业发行股票取得的收入,应全部作为股本处理。   ( )

5. 发行股票相关的手续费、佣金等交易费用,应当计入当期财务费用。   ( )

6. 可供分配的利润=当年实现的利润+年初未分配利润(或一年初未弥补亏损)。   ( )

7. 未分配利润是经过弥补亏损、提取法定盈余公积、提取任意盈

余公积和向投资者分配利润等分配顺序之后的剩余利润,它是企业留待以后年度进行分配的历年结存的利润。 （　　）

8. 在计算提取法定盈余公积的基数时,不应包括企业年初未分配利润。 （　　）

9. 企业接受的原材料投资,其增值税额不能计入实收资本。

（　　）

10. 企业不能用盈余公积分配现金股利。 （　　）

11. 企业接受外币资本投资时,可能引起资本公积的减少。（　　）

12. 无论是利得还是损失都存在直接计入所有者权益的和计入当期损益的。 （　　）

13. 未分配利润是指企业实现的净利润经过弥补亏损、提取盈余公积和向投资者分配利润后留存在企业的、历年结存的利润。（　　）

14. 企业用以后年度的税前利润弥补亏损时,应借记"本年利润"账户,贷记"利润分配——其他转入"账户。 （　　）

15. 利润分配是指企业根据国家有关规定和企业章程、投资者协议等,对企业当年实现的净利润所进行的分配。 （　　）

16. 对于股份有限公司以外的其他企业来说,其投资者投入企业的资本一律记入"实收资本"账户。 （　　）

17. 当企业的实收资本与原注册资金减少的幅度超过 20％时,应持资金信用证明或验资证明,向原登记主管机关申请变更登记,但如果企业的实收资本与原注册资金增加的,则不必申请变更登记。（　　）

18. 由于企业在创立时投资者认缴的出资额与注册资金一致,所以企业在创立时不会产生资本溢价或股本溢价。 （　　）

19. 股份有限公司按法定程序报经批准采用收购本公司股票方式减资的,应按购回股票所支付的价款(含交易费用)借记"股本"账户。

（　　）

20. "利润分配——未分配利润"账户贷方仅登记转入的本年利润额。 （　　）

21. 企业在非日常活动中形成的利得都应直接增加资本公积。

（   ）

22. 企业用以后年度的税前利润弥补亏损时,应借记"本年利润"账户,贷记"利润分配——其他转入"账户。　　　　　（   ）

23. 企业可供分配的利润就是当年实现的净利润。　（   ）

24. 除股份有限公司外的其他企业接受现金资产投资时,应按实际收到和存入开户银行的金额记入"实收资本"账户。　（   ）

25. 股份有限公司按法定程序报经批准采用收购本公司股票方式减资的,购回股票支付的价款(含交易费用)低于其面值总额的,应依次增加资本公积(股本溢价)、盈余公积和未分配利润。　（   ）

四、计算分析题

1. 2006 年 1 月 1 日,A、B、C 三个投资者投资创立红星公司。该企业从成立至 2008 年 1 月 1 日发生下列与所有者权益相关的经济业务:

(1) 2006 年 1 月 1 日,A、B 两投资者分别投入货币资金 400 万元,投资款已于当天存入该企业的开户银行。同日,C 投资者投入不需要安装的机器设备若干台,投资各方确认的价值 400 万元,固定资产已办妥所有权移交手续。

(2) 2006 年度发生净亏损 40 万元。

(3) 2007 年度实现净利润 280 万元,该企业按 10% 的比例提取法定盈余公积,未向投资者分配利润。

(4) 2008 年 1 月 1 日,接受 D 投资者以一块土地的使用权投资,投资各方确认的价值为 360 万元,另投入货币资金 160 万元。同时接受 E 投资者以材料一批作价入股,投资各方确认的价值 200 万元,增值税专用发票上注明的增值税额为 34 万元,另投入货币资金 286 万元。D、E 投资者的投资款已存入该企业的开户银行。其他资产均已办妥所有权移交手续。根据协议各投资者均享有该企业 20% 的股权。

要求：编制上述经济业务的会计分录（单位：万元）。

2. 某股份有限公司按法定程序报经批准采用收购本公司股票方式减资，该公司收购本公司股票 400 万股，股票面值 1 元，回购价格 1.5 元，发生的佣金、印花税等交易费用 8 万元。以上款项均以银行存款付讫。该公司注销股票时"资本公积——股本溢价"账户贷方余额 80 万元，"资本公积——其他资本公积"账户贷方余额 10 万元，"盈余公积"账户贷方余额 120 万元，"利润分配——未分配利润"账户贷方余额 320 万元。

要求：

（1）编制该公司上述回购股票的会计分录；

（2）若公司回购股票的价款为 0.9 元/股，其他条件不变，编制回购股票的会计分录（"资本公积"账户须写出明细账户，单位：万元）。

五、综合题

大华股份有限公司 2007～2012 年发生下列与所有者权益相关的交易或事项：

（1）2007 年 1 月 1 日，大华股份有限公司经批准发行股票 15 000 万股，每股面值 1 元，发行价 2 元/股，因发行股票而发生的手续费、佣金等相关的交易费用 3 500 万元。发行获得成功，款项已经收存银行。不考虑其他因素。假定发行股票前，大华公司"资本公积"和"盈余公积"账户的余额均为零。

（2）2007 年，大华公司实现净利润 5 000 万元，年初未分配利润 1 000 万元，公司董事会决定按净利润（减去未弥补亏损）的 10% 提取法定盈余公积，按净利润（减去未弥补亏损）的 5% 提取任意盈余公积，向股东分配现金股利 3 000 万元。

（3）2008 年，大华公司实现净利润 2 000 万元，公司董事会决定按净利润（减去未弥补亏损）的 10% 提取法定盈余公积，按净利润（减去未弥补亏损）的 5% 提取任意盈余公积，向股东分配现金股利 4 500 万元。

（4）大华公司对红星公司的长期股权投资采用权益法核算，2008年度，红星公司除净损益以外的所有者权益其他部分增加，红星公司各股东的持股比例不变，大华公司按持股比例应享有4 500万元。

（5）2009年，大华公司发生净亏损9 000万元。大华公司董事会决定用全部任意盈余公积弥补亏损。

（6）2010年2月，因经营环境发生不利变化，公司决定削减业务，并采用收购本公司股票的方式减资。在按法律程序报经批准后，公司以4.5元/股的价格购入3 500万股并注销。

（7）2010年，大华公司发生净亏损3 900万元。

（8）2011年，大华公司的经营环境显著好转，当年实现净利润11 000万元，公司董事会决定按净利润（减去未弥补亏损）的10％提取法定盈余公积，按净利润（减去未弥补亏损）的20％提取任意盈余公积，不向股东分配利润。

（9）2012年3月，大华公司董事会决定将全部任意盈余公积用于转增资本。

为了方便起见，我们假定这些未来的时间点都已经成为过去，相关的交易或事项都是过去已经发生的交易或事项。

要求：

（1）计算确定2007年12月31日应提取的法定盈余公积和任意盈余公积数额以及年末未分配利润数额；

（2）计算确定2008年12月31日应提取的法定盈余公积和任意盈余公积数额以及年末未分配利润数额；

（3）计算确定2009年12月31日用任意盈余公积弥补亏损的数额；

（4）计算确定2010年注销库存股前，"资本公积——股本溢价"、"资本公积——其他资本公积"、"盈余公积——法定盈余公积"、"盈余公积——任意盈余公积"和"利润分配——未分配利润"账户的余额；

（5）计算确定注销库存股时应冲减的股本、资本公积（股本溢价）

和盈余公积数额；

(6) 计算 2012 年 3 月用于转增资本的任意盈余公积数额；

(7) 编制上述交易或事项的会计分录（"盈余公积"账户、"资本公积"账户、"利润分配"账户须写出明细账户，单位：万元）。

参 考 答 案

一、单项选择题

1. B   2. C   3. B   4. B   5. D   6. D   7. A   8. B   9. C
10. B   11. D   12. B   13. C   14. D   15. A   16. D   17. B
18. A   19. A   20. A

二、多项选择题

1. ABC   2. BC   3. BC   4. ACD   5. BCD   6. CD   7. AB
8. ABC   9. ABC   10. AD   11. CD   12. ABC   13. ABCD
14. ABD   15. ABCD   16. ABCD   17. AD   18. ABC   19. ABCD
20. ACD   21. BCD   22. AB

三、判断题

1. ×   2. ×   3. √   4. ×   5. ×   6. ×   7. √   8. √
9. ×   10. ×   11. √   12. √   13. √   14. ×   15. ×   16. ×
17. ×   18. ×   19. ×   20. ×   21. ×   22. ×   23. ×   24. ×
25. ×

四、计算分析题

1.

(1) 2006 年 1 月 1 日。

借：银行存款   800

    固定资产   400

    贷：实收资本   1 200

（2）结转 2006 年度亏损。

借：利润分配——未分配利润   40

    贷：本年利润   40

（3）结转并分配 2007 年度实现的利润。

借：本年利润   280

    贷：利润分配——未分配利润   280

借：利润分配——提取法定盈余公积   24

    贷：盈余公积——法定盈余公积   24

借：利润分配——未分配利润   24

    贷：利润分配——提取法定盈余公积   24

（4）2008 年接受 D、E 投资者投资时。

每位投资者的投入资本在注册资本中占用的份额为 400 万元 $[(1\,200\div60\%)\times20\%]$。

借：无形资产——土地使用权   360

    银行存款   160

    贷：实收资本   400

      资本公积——资本溢价   120

借：原材料   200

    应交税费——应交增值税（进项税额）   34

    银行存款   286

    贷：实收资本   400

      资本公积——资本溢价   120

2.

回购股票所支付的价款（含交易费用）超过其面值总额的差额 $=(400\times1.5+8)-400\times1=208$（万元）

上述差额应依次冲减资本公积(股本溢价)、盈余公积和未分配利润。具体讲:应首先冲减资本公积(股本溢价)80 万元,再冲减盈余公积 120 万元,最后冲减未分配利润 8 万元。会计分录如下:

借:股本 400

　　资本公积——股本溢价 80

　　盈余公积 120

　　利润分配——未分配利润 8

　贷:银行存款 608

若公司回购股票的价款为 0.9 元/股,其他条件不变,则回购股票所支付的价款(含交易费用)低于其面值总额的差额 32 万元(400×1-368)。该差额应全部增加资本公积(股本溢价)。会计分录如下:

借:股本 400

　贷:银行存款 368

　　资本公积——股本溢价 32

五、综合题

(1) 提取的法定盈余公积=5 000×10%=500(万元)

　　 提取的任意盈余公积=5 000×5%=250(万元)

　　 年末未分配利润=5 000+1 000-500-250-3 000=2 250(万元)

(2) 提取的法定盈余公积=10 000×10%=1 000(万元)

　　 提取的任意盈余公积=10 000×5%=500(万元)

　　 年末未分配利润=10 000+2 250-1 000-500-4 500=6 250(万元)

(3) 计算确定 2009 年 12 月 31 日用任意盈余公积弥补亏损的数额。

　　　　　弥补亏损前任意盈余公积=250+500=750(万元)

　　　　　未弥补的亏损=9 000-6 250-750=2 000(万元)

(4) "资本公积——股本溢价"账户贷方余额=15 000×(2-1)-3 500=11 500(万元)

$$\text{"资本公积——其他资本公积"账户贷方余额} = 4\,500(万元)$$

$$\text{"盈余公积——法定盈余公积"账户贷方余额} = 500 + 1\,000 = 1\,500(万元)$$

$$\text{"盈余公积——任意盈余公积"账户贷方余额} = 250 + 500 - 750 = 0(元)$$

$$\text{"利润分配——未分配利润"账户贷方余额} = -2\,000(万元)$$

（5）库存股账面余额 $= 3\,500 \times 4.5 = 15\,850(万元)$

冲减的股本 $= 3\,500 \times 1 = 3\,500(万元)$

应冲减的资本公积（股本溢价）$= 11\,500(万元)$

应冲减的盈余公积 $= 750(万元)$

（6）2011 年年初未分配利润 $= -2\,000 - 3\,900 = -5\,900(万元)$

$$\text{2011 年年末提取法定盈余公积和任意盈余公积的基数} = 11\,000 - 5\,900 = 5\,100(万元)$$

应提取的法定盈余公积 $= 5\,100 \times 10\% = 510(万元)$

应提取的任意盈余公积 $= 5\,100 \times 20\% = 1\,020(万元)$

用盈余公积转增资本的数额 $= 1\,020(万元)$

（7）编制会计分录。

1）发行股票：

① 实际收到款项：

借：银行存款	30 000
贷：股本	15 000
资本公积——股本溢价	15 000

② 支付发行费用：

借：资本公积——股本溢价	3 500
贷：银行存款	3 500

2）2007 年实现净利润及利润分配。

① 结转实现的净利润：

借：本年利润	5 000
贷：利润分配——未分配利润	5 000

② 提取盈余公积：

借：利润分配——提取法定盈余公积　　　　　　　　500
　　　　　　——提取任意盈余公积　　　　　　　　250
　　贷：盈余公积——法定盈余公积　　　　　　　　500
　　　　　　——任意盈余公积　　　　　　　　　　250

③ 分配现金股利：

借：利润分配——应付现金股利　　　　　　　　　3 000
　　贷：应付股利　　　　　　　　　　　　　　　3 000

④ 将"利润分配"其他明细账户的余额结转至"利润分配——未分配利润"明细账户：

借：利润分配——未分配利润　　　　　　　　　　3 750
　　贷：利润分配——提取法定盈余公积　　　　　　500
　　　　　　——提取任意盈余公积　　　　　　　　250
　　　　　　——应付现金股利　　　　　　　　　3 000

3）2008 年实现净利润及利润分配。

① 结转实现的净利润：

借：本年利润　　　　　　　　　　　　　　　　10 000
　　贷：利润分配——未分配利润　　　　　　　　10 000

② 提取盈余公积：

借：利润分配——提取法定盈余公积　　　　　　　1 000
　　　　　　——提取任意盈余公积　　　　　　　　500
　　贷：盈余公积——法定盈余公积　　　　　　　1 000
　　　　　　——任意盈余公积　　　　　　　　　　500

③ 分配现金股利：

借：利润分配——应付现金股利　　　　　　　　　4 500
　　贷：应付股利　　　　　　　　　　　　　　　4 500

④ 将"利润分配"其他明细账户的余额结转"利润分配——未分配

利润"明细账户：

  借：利润分配——未分配利润　　　　　　　　　　6 000

  　　贷：利润分配——提取法定盈余公积　　　　　　1 000

  　　　　　　　——提取任意盈余公积　　　　　　　500

  　　　　　　　——应付现金股利　　　　　　　　4 500

4）确认其他资本公积。

  借：长期股权投资——其他变动　　　　　　　　　4 500

  　　贷：资本公积——其他资本公积　　　　　　　　4 500

5）结转净亏损并用盈余公积补亏。

① 结转净亏损：

  借：利润分配——未分配利润　　　　　　　　　　9 000

  　　贷：本年利润　　　　　　　　　　　　　　　9 000

② 用盈余公积补亏：

  借：盈余公积——任意盈余公积　　　　　　　　　　750

  　　贷：利润分配——盈余公积补亏　　　　　　　　　750

③ 将"利润分配——盈余公积补亏"明细账户金额转入"利润分配——未分配利润"明细账户：

  借：利润分配——盈余公积补亏　　　　　　　　　　750

  　　贷：利润分配——未分配利润　　　　　　　　　　750

6）公司减资。

① 购入库存股：

  借：库存股　　　　　　　　　　　　　　　　　15 750

  　　贷：银行存款　　　　　　　　　　　　　　　15 750

② 冲减股本、资本公积（股本溢价）、盈余公积：

  借：股本　　　　　　　　　　　　　　　　　　3 500

  　　资本公积——股本溢价　　　　　　　　　　11 500

  　　盈余公积——法定盈余公积　　　　　　　　　　750

  　　贷：库存股　　　　　　　　　　　　　　　15 750

7）结转净亏损。

借：利润分配——未分配利润　　　　　　　　　3 900
　　贷：本年利润　　　　　　　　　　　　　　　　3 900

8）结转净利润、分配利润。

① 结转实现的净利润：

借：本年利润　　　　　　　　　　　　　　　　11 000
　　贷：利润分配——未分配利润　　　　　　　　　11 000

② 提取盈余公积：

借：利润分配——提取法定盈余公积　　　　　　　　510
　　　　　　　——提取任意盈余公积　　　　　　　1 020
　　贷：盈余公积——法定盈余公积　　　　　　　　　510
　　　　　　　——任意盈余公积　　　　　　　　　1 020

③ 将"利润分配"其他明细账户的余额结转至"利润分配——未分配利润"明细账户：

借：利润分配——未分配利润　　　　　　　　　1 530
　　贷：利润分配——提取法定盈余公积　　　　　　　510
　　　　　　　——提取任意盈余公积　　　　　　　1 020

9）盈余公积补亏。

① 补亏：

借：盈余公积——任意盈余公积　　　　　　　　1 020
　　贷：利润分配——盈余公积补亏　　　　　　　　1 020

② 结转：

借：利润分配——盈余公积补亏　　　　　　　　1 020
　　贷：利润分配——未分配利润　　　　　　　　　1 020

第十五章　收入、费用和利润

一、单项选择题

1. 下列各项中,企业尚未将商品所有权上的主要风险和报酬转移给购货方的是(　　)。

   A. 大型卖场将商品交给购货方的,同时向购货方收取所售商品的价款

   B. 采用预收款销售方式销售商品房的,房地产开发公司向购房者开具发票并交付钥匙

   C. 采用交款提货方式销售商品的,企业已经向购货方收取货款但购货方尚未提货

   D. 采用支付手续费方式委托代销商品的,委托方将商品发出给受托方

2. 采用交款提货方式销售商品的,在正常交易的情况下,销售企业应在(　　)时确认收入。

   A. 签订合同　　　　　　　　B. 开出发票账单收到货款

   C. 提货　　　　　　　　　　D. 购货方验收入库

3. 下列与销售商品相关的事项中,一定发生在确认收入之前的事项是(　　)。

   A. 商业折扣　　　　　　　　B. 销售折让

   C. 销售退回　　　　　　　　D. 现金折扣

4. 在采用支付手续费方式委托代销商品的情况下,委托方应在收到受托方开出代销清单时确认销售商品收入,同时按应支付的代销手

续费（　　）。

    A. 从销售商品收入中扣除　　B. 计入销售费用

    C. 计入主营业务成本　　　　D. 计入管理费用

5. 企业下列各项中，不属于收入的是（　　）。

    A. 工业企业对外出售不需用的原材料

    B. 商业企业对外进行权益性投资（取得现金股利或利润）

    C. 商业企业处置无形资产

    D. 咨询公司对外进行债权性投资（取得利息）

6. 下列各项中，将收入与利得区别开来的特征是（　　）。

    A. 收入会导致企业所有者权益的增加

    B. 收入与所有者投入资本无关

    C. 收入会导致企业资产的增加或负债的减少

    D. 收入形成于企业日常活动

7. 下列各项中，在发出商品时，企业应确认销售商品收入的是（　　）。

    A. 在收取手续费方式下发出委托代销商品

    B. 发出分期收款销售的商品

    C. 在一般销售方式下按合同规定发出商品，并于发出商品的当天办妥托收手续

    D. 将商品销售给目前现金流转严重困难的老客户

8. 在采用支付手续费方式委托代销商品的情况下，委托方应在（　　）确认收入。

    A. 确定委托代销协议时

    B. 发出委托代销商品时

    C. 收到受托方支付的代销商品款时

    D. 收到委托方开出的代销清单时

9. 下列各项中，属于咨询公司的主营业务收入的是（　　）。

    A. 销售相关商品取得的收入

B. 出售材料、废品取得的收入

C. 提供咨询服务取得的收入

D. 进行债权投资取得的利息收入

10. 对于持续一段时间但在同一会计期间开始并完成的劳务,企业应在(　　)确认劳务收入。

    A. 劳务开始时　　　　　　　B. 资产负债表日

    C. 收到劳务款项时　　　　　D. 劳务完成时

11. 下列各项中,不应计入管理费用的是(　　)。

    A. 企业在筹建期间发生的水电费

    B. 企业生产车间发生的不符合资本化条件的固定资产修理费

    C. 业务招待费

    D. 商品维修费

12. 在收取手续费的代销方式下,委托方应于(　　)时确认收入。

    A. 收到代销清单

    B. 交付商品

    C. 受托方销售商品

    D. 收到受托方汇来的代销商品款

13. 已确认销售收入的售出商品发生销售折让,且不属于资产负债表日后事项的,应在(　　),如按规定允许扣减增值税额的,还应冲减已确认的应交增值税销项税额。

    A. 发生时冲减发出当期销售商品收入

    B. 发生时冲减发生当期销售商品收入

    C. 售出时按扣减预计将要发生的销售折让后的金额确认销售商品收入

    D. 发生时冲减发生当期的未分配利润

14. 下列各项中,"本年利润"账户年末贷方余额表示(　　)。

    A. 历年累计实现的利润总额

    B. 历年累计实现的净利润

C. 当年实现的利润总额

D. 当年实现的净利润

15. 企业发生的存货盘亏经批准转销后不应借记（　　）账户。

A. "管理费用"　　　　　　　B. "其他应收款"

C. "生产成本"　　　　　　　D. "营业外支出"

16. 企业生产经营期间因银行存款而产生的利息收入应贷记（　　）账户。

A. "财务费用"　　　　　　　B. "营业外收入"

C. "在建工程"　　　　　　　D. "长期待摊费用"

17. 如果发生的销售退回不属于资产负债表日后事项，且该项销售退回已发生现金折扣的，应根据原已发生的现金折扣金额调整（　　）。

A. 发生当期的销售收入金额

B. 发生当期的销售商品成本金额

C. 相关管理费用金额

D. 相关财务费用金额

18. 下列各项收入中，不属于让渡资产使用权所取得收入的是（　　）。

A. 债券利息收入

B. 进行股权投资而取得的股利收入

C. 出租固定资产而取得的租金收入

D. 出售无形资产而取得的价款

19. 下列各项中，关于企业采用表结法于会计期末结转本年利润的表述不正确的是（　　）。

A. 各损益类账户每月月末需给出本月发生额

B. 各损益类账户每月月末需结出月末累计余额

C. 各损益类账户每月月末需将本月发生额结转到"本年利润"账户

D. 在年末时需将各损益类账户的全年累计余额结转入"本年

利润"账户

20. 企业按照出售包装物实现的收入计算的应交城市维护建设税,应借记( )账户。

    A. "其他业务成本"

    B. "应交税费——应交城市维护建设税"

    C. "营业税金及附加"

    D. "管理费用"

21. 发生的销售退回如果不属于资产负债表日后事项的,一般应在发生时冲减当期销售商品收入,同时冲减当期销售商品成本,如按规定允许扣减增值税税额的,应同时( )。

    A. 借记"应交税费——应交增值税(进项税额)"账户

    B. 冲减已确认的应交增值税销项税额

    C. 借记"应交税费——应交增值税(已交税金)"账户

    D. 冲减"应交税费——应交增值税(进项税额转出)"账户

22. 下列各项中,不属于企业收入的是( )。

    A. 企业销售代制品取得的收入

    B. 企业出售无形资产所得价款

    C. 企业销售材料所得价款

    D. 企业进行股权投资所取得的股利收入

23. 下列各项中,不属于"主营业务成本"账户核算内容的是( )。

    A. 本期销售商品、提供劳务的实际成本

    B. 期末转入"本年利润"账户的成本

    C. 因销售退回而冲减的主营业务成本

    D. 因销售折让而减少的收入金额

24. 如果劳务的开始和完成分属不同的会计期间,且企业在资产负债表日提供劳务交易的结果不能可靠估计的,在( )的情况下,应按已收或者预计能够收回的金额确认劳务收入,将已经发生的劳务成本计入当期损益,不确认劳务收入。

  A. 已经发生的劳务成本预计全部能够得到补偿

  B. 已经发生的劳务成本预计部分能够得到补偿

  C. 已经发生的劳务成本预计全部不能得到补偿

  D. 已经收回部分合同金额,但已经发生的劳务成本不能全部得到补偿

25. 下列各项中,不影响利润总额的是( )。

  A. 接受外单位捐赠 8 万元

  B. 因发生洪水造成存货损失 10 万元

  C. 计提坏账准备 3 万元

  D. 所得税费用 120 万元

26. 企业所得税的核算应该采用( )。

  A. 资产负债表债务法   B. 应付税款法

  C. 递延法   D. 账结法

27. 在收取手续费的代销方式下,受托方按( )确认收入。

  A. 受托代销商品的成本

  B. 受托代销商品的实际售价

  C. 应收取的手续费

  D. 受托代销商品的售价与应收取的手续费之和

28. 企业结转因自然灾害而毁损固定资产的净损失时,应借记( )账户。

  A. "营业外支出——盘亏损失"

  B. "营业外支出——非流动资产处置损失"

  C. "营业外支出——非常损失"

  D. "固定资产清理"

29. 下列各项中,应计入商品维修费的是( )。

  A. 制造费用   B. 管理费用

  C. 生产成本   D. 销售费用

30. 下列各项中,属于直接计入当期利润损失的是( )。

    A. 预计产品质量保证损失   B. 捐赠支出

    C. 资产减值损失   D. 公允价值变动损失

31. 某软件开发公司 2006 年 10 月 1 日开始为客户开发管理软件,预计到 2007 年 3 月 20 日完成全部开发工作。2006 年 12 月 31 日由于客户出现严重的经济问题,已经发生的开发成本 10 万元预计全部不能得到补偿。则该软件开发公司应在资产负债表日将已经发生的 10 万元开发成本转入( )账户。

    A. "主营业务成本"   B. "其他业务成本"

    C. "管理费用"   D. "营业外支出"

二、多项选择题

1. 企业销售商品时,除必须满足企业已将商品所有权上的主要风险和报酬转移给购货方这一条件外,还须同时符合以下( )条件,才能确认收入。

    A. 既没有保留通常与所有权相联系的继续管理权,也没有对已售出的商品实施控制

    B. 收入的金额能够可靠地计量

    C. 相关的经济利益能够流入企业

    D. 相关的已发生或将发生的成本能够可靠地计量

2. 下列各项活动中,一定会导致企业所有者权益增加的有( )。

    A. 旅游公司代收保险费

    B. 货运公司提供货运代理服务

    C. 药业公司转让药品专利权使用权

    D. 软件开发公司出售旧电脑

3. 下列各项中,属于让渡资产使用权收入的有( )。

    A. 出租包装物收取的押金

    B. 出租固定资产收取的租金

C. 购买公司债券时购买价款中包含的已到付息期但尚未领取的利息

D. 投资企业取得的属于被投资单位在接受投资后产生的净利润的分配额

4. 下列各项中,属于企业收入而不属于利得的有(　　)。

A. 咨询公司提供咨询服务

B. 商业银行提供咨询服务

C. 安装公司对外转让无形资产使用权

D. 租赁公司处置固定资产

5. 下列各项活动中,不会形成企业收入的有(　　)。

A. 受托方代收代缴的消费税

B. 因销售商品而向客户收取的增值税销项税额

C. 处置无形资产

D. 因其他企业违约收取罚款

6. 下列各项中,属于其他业务收入的有(　　)。

A. 对外销售材料取得的价款

B. 进行权益性投资取得的现金股利收入

C. 销售代制品取得的收入

D. 提供旅游服务取得的收入

7. 确认收入后发生的销售折让和销售退回,除资产负债表日后事项外,都应在发生时(　　)。

A. 冲减当期销售商品收入

B. 冲减当期销售商品成本

C. 按规定允许扣减增值税税额的,冲减已确认的应交增值税销项税额

D. 该项销售折扣或销售退回已发生现金折扣的,调整相关财务费用的金额

8. 下列各项中,应记入"其他业务收入"账户的有(　　)。

A. 对外出租商品取得的租金

B. 对外转让工业专有技术取得的收入

C. 提供对外加工劳务取得的收入

D. 购买公司债券取得的利息收入

9. 下列事项中,可能发生在确认收入之前,也可能发生在确认收入之后的事项有( )。

    A. 商业折扣   B. 销售折让

    C. 销售退回   D. 现金折扣

10. 在预收款销售方式下,企业通常应在发出商品时确认收入,在此之前预收的货款应贷记( )账户。

    A."应收账款"   B."预收账款"

    C."递延收益"   D."主营业务收入"

11. 已确认销售商品收入的售出商品发生销售退回的,如果不属于资产负债表日后事项的,必须在发生时( )。

    A. 冲减归期销售商品收入

    B. 冲减当期销售商品成本

    C. 冲减已确认的应交增值税销项税额

    D. 调整相关财务费用的金额

12. 下列各项中,不应计入商品销售收入的有( )。

    A. 应收取的代垫运杂费

    B. 应收取增值税销项税额

    C. 预计可能发生的现金折扣

    D. 实际发生的商业折扣

13. 下列各项中,劳务交易的结果能够可靠地估计需要满足的条件有( )。

    A. 收入的金额能够可靠地计量

    B. 相关的经济利益很可能流入企业

    C. 交易的完成进度能够可靠地确定

D. 交易中已经发生和将发生的成本能够可靠地计量

14. 下列各项中,属于让渡资产使用权收入的有( )。

A. 企业对外出租固定资产收取的租金收入

B. 转让商标权使用权收取的使用费收入

C. 从事代理服务收取的代理费收入

D. 进行债券投资收取的利息收入

15. 下列各项中,应通过"财务费用"账户核算的有( )。

A. 支付给银行的结算手续费

B. 外币应收账款形成的汇兑收益

C. 转销确实无法支付的应付账款

D. 享受销售方给予的现金折扣

16. 下列各项中,应分期确认让渡资产使用权的使用费收入有( )。

A. 一次性收取 5 年的场地使用费,且不提供后续服务

B. 一次性收取 3 年的专利权使用费,并每年帮助使用方进行两次有关该专利权的人员培训

C. 按商标使用方每期销售额的 2% 收取商标权使用费

D. 每季度等额收取商业用房租金

17. 下列各项中,应贷记"财务费用"账户的有( )。

A. 银行存款形成的利息收入

B. 债权投资形成的利息收入

C. 给予购货方的现金折扣

D. 从销售方取得的现金折扣

18. 下列各项中,关于与资产相关的政府补助的说法正确的有( )。

A. 在取得时应确认为递延收益

B. 在相关资产可供使用时起,在该项资产使用寿命内平均分配

C. 对于计提折旧的固定资产,应从相关的固定资产计提折旧时起,在该固定资产使用寿命内平均分配

D. 必须在相关的无形资产处置时,才能终止分配与之相关的递延收益

19. 在视同买断的代销方式下,下列各项表述中正确的有( )。

A. 委托方在发出商品时,确认收入

B. 委托方在受托方收到代销商品时确认收入

C. 受托方将代销商品销售后,在同时符合销售商品收入的五个确认条件的情况下,则按实际售价确认销售收入

D. 委托方收到受托方交付的代销清单时,确认销售收入

20. 下列各项中,应通过"销售费用"账户核算的有( )。

A. 销售商品发生的运输费

B. 工业企业购入材料支付的保险费

C. 为销售商品而发生的招待费

D. 随同商品出售且不单独计价的包装物成本

21. 下列各项中,应借记"营业外支出"账户的有( )。

A. 出售无形资产净损失　　B. 矿产资源补偿费

C. 公益性捐赠支出　　　　D. 诉讼费

22. 下列各项中,工商企业进行债券投资收取的利息收入属于( )。

A. 提供劳务收入　　　　B. 让渡资产使用权收入

C. 其他业务收入　　　　D. 主营业务收入

23. 下列各项中,应记入"其他业务成本"账户的有( )。

A. 出售包装物应结转的包装物成本

B. 经营租赁方式租出固定资产的折旧费

C. 转让专利权的使用权应交纳的营业税

D. 因销售材料应交纳的教育费附加

24. 下列各项中,应通过"营业税金及附加"账户核算的有( )。

A. 主营业务应负担的营业税

B. 其他业务应负担的教育费附加

C. 房产税

D. 矿产资源补偿费

25. 下列事项中,应通过"发出商品"账户核算的有(　　)。

A. 发出的商品存在质量问题而购货方要求给予销售折让,收入尚未确认,购销双方正在协商

B. 以视同买断方式向受托方发出委托代销的商品

C. 以支付手续费方式向受托方发出委托代销的商品

D. 采用预收账款方式销售商品,销货企业在收到最后一笔款项时按合同发出商品

26. 如果劳务的开始和完成分属不同的会计期间,且企业在资产负债表日提供劳务交易的结果不能可靠估计的,在已经发生的劳务成本预计全部能够得到补偿的情况下,应按(　　)确认劳务收入,并结转已经发生的劳务成本。

A. 已经发生的劳务成本　　B. 提供劳务交易的完工进度

C. 预计能够收回的金额　　D. 已收的金额

27. 下列各项中,应贷记"财务费用"账户的有(　　)。

A. 银行存款产生的利息收入

B. 外币应收账款产生的汇兑收益

C. 期末将"财务费用"账户的借方余额转入"本年利润"账户

D. 期末将"财务费用"账户的贷方余额转入"本年利润"账户

28. 下列各项中,应计入销售费用的有(　　)。

A. 业务招待费

B. 商品维修费

C. 销售本企业商品而专设的销售机构的业务费

D. 预计产品质量保证损失

29. 下列各项中,最终应计入管理费用的有(　　)。

A. 企业生产车间等发生的固定资产修理费

B. 研究费用

C. 支付给生产工人的病假工资

D. 开发支出

三、判断题

1. 企业发出的商品不符合收入确认条件的,也不应确认应交的增值税销项税额。　　　　　　　　　　　　　（　　）

2. 凡是企业对已经发出的商品开出了增值税专用发票的,都应确认发出商品的销售收入。　　　　　　　　　（　　）

3. 商业企业随商品销售但单独计价的包装物也视同商品。
　　　　　　　　　　　　　　　　　　　　　　　（　　）

4. A企业为了维持与B企业之间的长期合作关系,在明知B企业资金周转十分困难的情况下,仍向B企业销售商品。此时A企业可以依据对B企业的信任,确认该笔销售的收入。　　　　（　　）

5. 利得通常不经过经营过程就能取得或属于企业不曾期望获得的收益。　　　　　　　　　　　　　　　　　　（　　）

6. 确认商品销售金额时,不应考虑预计可能发生的现金折扣、商业折扣和销售折让,应按总价予以确认。　　　　　　（　　）

7. 企业取得的各项利息收入都应贷记"财务费用"账户。（　　）

8. 企业无论是作为销售方还是作为购货方,其所发生的现金折扣都通过"财务费用"账户核算。　　　　　　　　　（　　）

9. 在预收款销售方式下,企业必须在发出商品时确认收入,在此之前预收的货款确认为预收账款。　　　　　　　　（　　）

10. 只有政府向企业无偿划拨长期非货币性资产才属于与资产相关的政府补助。　　　　　　　　　　　　　　　（　　）

11. 企业生产车间、行政管理部门、专设的销售机构发生的不符合资本化条件的固定资产修理费应计入管理费用。　　（　　）

12. 政府代农民交付给供货企业的农机具购买资金,不属于政府补助。 （　　）

13. 根据配比原则,企业取得与资产相关的政府补助,不能全额确认为收益。 （　　）

14. 企业溢价发行公司债券所发生的全部手续费都应计入财务费用。 （　　）

15. 只要符合政府补助的政策条件,就一定能够取得政府补助。

（　　）

16. 凡是与政府收益相关的政府补助,都应在取得时直接计入当期营业外收入。 （　　）

17. 如果企业不容易分清与收益相关的政府补助是用于补偿已发生费用,还是用于补偿以后将发生的费用,都应将与收益相关的政府补助直接计入当期营业外收入。 （　　）

18. 如劳务的开始和完成分属不同的会计期间,且在期末不能对该项劳务交易的结果作出可靠估计的,企业不应确认收入。

19. 企业聘请的生产技术顾问而支付的顾问费应计入管理费用。

（　　）

20. 企业将生产的电梯销售给某一客户,并负责电梯的安装工作,但至会计期末安装工作尚未完成,则该企业在会计期末不应确认该电梯的销售收入。 （　　）

21. 企业支付的职工退职金应记入"营业外支出"账户。 （　　）

22. 企业在确定销售商品收入的金额时,应扣除可能发生的现金折扣和销售折让。 （　　）

23. 企业让渡无形资产使用权而收取的使用费收入应按下列两条原则进行确认:(1)相关的经济利益很可能流入企业;(2)收入的金额能够可靠地计量。 （　　）

24. 投资收益是指企业对外投资所取得的收益。 （　　）

25. 企业提供劳务应按完工百分比法确认收入。 （　　）

26. 企业已确认销售收入的售出商品发生销售折让的,应在发生时冲减当期销售商品收入,如按规定允许扣减增值税额的,还应冲减已确认的应交增值税销项税额。 （　　）

27. 企业销售商品满足收入确认条件时,应当按照已收或应收的合同或协议价款确认销售商品收入金额。 （　　）

28. 如果合同或协议规定一次性收取让渡资产使用权的使用费,且不提供后续服务的,应当视同销售该项资产一次性确认收入。

（　　）

29. 企业出售无形资产的净收益属于计入当期损益的利得。

（　　）

30. 企业所得税是根据企业应纳税所得额的一定比例上交的一种税金。应纳税所得额是在企业税前会计利润（即利润总额）的基础上调整确定的。 （　　）

四、计算分析题

1. 宏达公司 2008 年全年利润总额 3 600 万元,适用的所得税税率为 20%,经纳税调整后计算的全年应纳税所得额为 3 000 万元,全年引起递延所得税资产增加的金额为 45 万元,引起递延所得税资产减少的金额为 66 万元,引起递延所得税负债增加的金额为 54 万元,引起递延所得税负债减少的金额为 90 万元。

要求:

(1) 计算宏达公司 2008 年应交所得税。

(2) 计算宏达公司 2008 年递延所得税资产增加（或减少）金额。

(3) 计算宏达公司 2008 年递延所得税负债增加（或减少）金额。

(4) 计算宏达公司 2008 年递延所得税收益（和费用）和应确认的所得税费用。

(5) 编制确认所得税费用的会计分录（单位：万元）。

2. 大华企业 2008 年度结转前损益类账户的余额如下:

大华企业 2008 年度结转前损益类账户的余额

单位：万元

会 计 账 户	借 方 余 额	贷 方 余 额
主营业务收入		6 000
其他业务收入		600
投资收益		150
营业外收入		330
公允价值变动损益		114
主营业务成本	4 200	
营业税金及附加	150	
其他业务成本	360	
销售费用	210	
管理费用	486	
财务费用	60	
资产减值损失	78	
营业外支出	150	

（1）上表中，除"所得税费用"账户外不存在其他未列损益类账户。

（2）无纳税调整事项。

（3）该企业适用的所得税税率为 25％。

（4）年初未弥补的亏损 150 万元（该亏损发生于 2002 年，已超过税前弥补的期限），该企业权力机构决定分别按净利润的 10％提取法定盈余公积，向投资者分配利润 600 万元。

要求：

（1）计算营业利润、利润总额、应纳税所得额、应交所得税、所得税费用、净利润和期末未分配利润。

（2）编制相关的会计分录（单位：万元）。

3. 2008 年 5 月 1 日，红星企业与胜利企业签订代销协议，委托胜利企业销售 A 商品 2 000 件，协议价每件 400 元，该商品的实际成本每件 300 元,胜利企业按协议价的 10％收取手续费。5 月 5 日,红星企业按合同向胜利企业交付商品。5 月 31 日,胜利企业已将 A 商品 1 400 件销售给顾客,款项均已收存银行。5 月 31 日,胜利企业将所售的代销商品清单交付给红星企业,并收到红星企业按协议价开具的增值税专用发票。6 月 5 日,红星企业收到胜利企业支付的代销商品款(手续费已扣除)。

要求:分别编制红星企业和胜利企业代销业务的会计分录。

4. A 企业发生下列与让渡资产使用权有关的经济业务事项:

(1) 与 B 企业签订合同,合同规定 A 企业于 2008 年 1 月 1 日将一项专利权使用权让渡给 B 企业,合同有效期限 1 年,2008 年 12 月 31 日一次性支付使用费 80 万元,A 企业不再提供后续服务。B 企业按合同通过银行支付了价款。该项专利权的账面余额 60 万元,预计使用寿命 5 年。

(2) 与 C 企业签订合同,合同规定 A 企业于 2008 年 1 月 1 日将一项非专利技术的使用权让渡给 C 企业,合同有效期限 2 年,2008 年 12 月 31 日一次性支付使用费 72 万元,A 企业提供后续服务。C 企业按合同通过银行支付了价款。该项专利权的账面余额 48 万元,预计使用寿命 4 年。

(3) 与 D 企业签订合同,合同规定 A 企业于 2008 年 1 月 1 日将一项商标使用权让渡给 D 企业,合同有效期限 5 年。合同规定每年年末 D 企业根据其年销售收入的 4％通过银行向 A 企业支付使用费,支付日期为当年的 12 月 31 日。D 企业 2008 年度销售收入为 800 万元。该项商标权的账面余额 40 万元,预计使用寿命 10 年。

(4) 相关无形资产的残值均为零,不考虑相关税费。

要求:编制 2008 年发生的上述经济业务事项的会计分录(单位:万元)。

五、综合题

1. 某市公交公司发生下列与政府补助相关的交易或事项:

（1）2007 年 1 月 5 日,因购置一批环保型公交运营汽车向市政府申报政府补助,市政府经审核批准拨付 240 万元资金给予补助。所购置的环保型公交运营汽车于 2007 年 1 月投入运营。该批环保型公交运营汽车取得时的入账价值 300 万元,预计净残值 15 万元,预计使用寿命 5 年。该公交公司采用年限总和法计提折旧。2007 年 1 月 8 日,该公交公司通过银行收到政府补助。

（2）由于油价上涨,市政府规定,给予各月实际运营的公交汽车每辆 500 元油价补助,于每季度末向公交公司拨付本季度的油价补助。该公交公司拥有 600 辆运营的公交汽车。该公司从 2007 年 1 月起每月计算确定应收的定额补助以及各季度末实际收到市政府通过银行拨付的油价补助。

（3）从 2007 年 1 月开始,市政府财政部门给予该公交公司运营的三条远郊的运管线路的运营补贴,每月补贴金额共计为 150 万元,并于每季度初通过银行收到财政部门拨付的本季度运营补贴。

（4）2007 年,根据有关规定该公交公司享受所得税先征后返的税收优惠。2007 年 12 月 31 日,该公司通过银行实际收到当年先征后返的所得税 320 万元。

（5）2011 年 5 月 1 日,该公交公司将用政府补助款项购置的公交运营汽车全部提前报废。

要求:编制上述政府补助的会计分录(单位:万元)。

2. A 企业 2008 年 6 月发生下列部分经济业务:

（1）2 日,依合同将 XY 商品发运给 B 企业,商品价款 20 万元,实际成本 14 万元,以银行存款代购货方垫付的运杂费 6 000 元,并于当天办妥托收手续。B 企业已于 10 日即收到商品的当天开出一张期限为 6 个月,票面价值 24 万元的商业汇票。

（2）3 日,依合同销售给 C 企业 XY 商品一批。价目表上该商品的价款 40 万元,实际成本 28 万元。为扩大销售,给予 C 企业 5% 的商业折扣。合同规定的现金折扣条件为"2/10,1/20,n/30",现金折扣率按不含税的设备价款计算,C 企业于 12 日以银行存款支付货款,并享受现金折扣。

(3) 4 日,根据委托代销协议,将 C 商品 400 件交付给 E 企业代销。该批商品的协议价 600 元/件,实际成本 400 元/件,受托方 E 企业按协议价的 10% 收取手续费。

(4) 2008 年 1 月 10 日,A 企业与 D 企业签订了预收款方式销售 MN 商品的合同,合同规定,自合同签订日起 A 企业分四次每隔两个月收取价款,第一、第二、第三次每次收取 25% 的价款,A 企业在第四次收取最后 25% 的价款和全部增值税销项税额时发出商品,合同价款 80 万元。6 月 10 日,根据上述合同,A 企业通过银行收到了最后 25% 的价款和全部增值税销项税额,收款后 A 企业于当天发出 MN 商品给 D 企业,该批商品的实际成本 64 万元。

(5) 上月销售给 B 企业的 MN 商品经检验存在一定的质量问题。15 日经过协商,A 企业同意给予 10% 的销售折让。该批商品原售价 30 万元,实际成本 22 万元,收入已确认,货款尚未收到。A 企业已于 15 日向 B 企业开具红字增值税专用发票,余款已于当日收存银行。

(6) 2 月份,销售给 C 企业的 XY 商品使用后发现存在严重的质量问题,A 企业于 20 日同意予以退回并向 C 企业开具红字增值税专用发票。该批商品的售价 24 万元,实际成本 17 万元,C 企业支付货款时已按售价的 2% 享受现金折扣,被退回的商品已入库,退货款已通过银行付讫。

(7) 28 日,收到 E 企业交付的代销清单,代销清单上注明销售 C 商品 200 件,A 企业于当天向 E 企业开具增值税专用发票。

(8) 30 日,收到 E 企业汇来的代销商品款,手续费已扣除。

(9) 30 日,根据合同将 MN 商品发运给 D 企业,该批商品价款 36 万元,实际成本 26 万元,发运商品的当天尚未办理托收手续。

要求:编制 A 企业 2008 年 6 月份上述经济业务的会计分录(单位:万元)。

参 考 答 案

一、单项选择题

1. D　2. B　3. A　4. B　5. C　6. D　7. C　8. C　9. C
10. D　11. D　12. A　13. B　14. D　15. C　16. A　17. D
18. D　19. C　20. C　21. B　22. B　23. D　24. C　25. D
26. A　27. C　28. C　29. D　30. B　31. B

二、多项选择题

1. ABCD　2. BC　3. BD　4. ABC　5. ABCD　6. ABD
7. AC　8. AB　9. BC　10. AB　11. AB　12. ABD　13. ABCD
14. ABD　15. ABD　16. BCD　17. AD　18. ABC　19. AC
20. AD　21. AC　22. BC　23. AB　24. AB　25. AC　26. CD
27. ABC　28. BCD　29. AB

三、判断题

1. ×　2. ×　3. √　4. ×　5. √　6. ×　7. ×　8. √
9. ×　10. ×　11. ×　12. √　13. ×　14. ×　15. ×　16. ×
17. ×　18. ×　19. √　20. √　21. ×　22. ×　23. √　24. ×
25. ×　26. ×　27. ×　28. √　29. √　30. √

四、计算分析题

1.

（1）甲公司 2008 年应交所得税＝3 000×25％＝750（万元）

（2）甲公司 2008 年递延所得税资产净减少额＝66－45＝21（万元）

（3）甲公司 2008 年递延所得税负债净减少额＝90－54＝36（万元）

（4）甲公司 2008 年递延所得税收益（和费用）和应确认的所得税费用。

递延所得税费用＝递延所得税负债增加额＋递延所得税资产减少额＝

$$0＋21＝21（万元）$$

递延所得税收益＝递延所得税负债减少额＋递延所得税资产增加额＝

$$36＋0＝36（万元）$$

所得税费用＝当期所得税＋递延所得税费用－递延所得税收益＝

$$750＋21－36＝735（万元）$$

（5）确认所得税费用的账务处理。

借：所得税费用	735
递延所得税负债	36
贷：应交税费——应交所得税	750
递延所得税资产	21

2.

（1）营业收入＝主营业务收入＋其他业务收入＝6 000＋600＝6 600（万元）

营业成本＝主营业务成本＋其他业务成本＝4 200＋360＝4 560（万元）

营业利润＝营业收入－营业成本－营业税金及附加－销售费用－管理费用－财务费用－资产减值损失＋公允价值变动收益（－公允价值变动损失）＋投资收益（－投资损失）＝

$$6 600－4 560－150－210－486－60－78＋114＋450＝$$
$$1 620（万元）$$

利润总额＝营业利润＋营业外收入－营业外支出＝

$$1 620＋330－150＝1 800（万元）$$

无纳税调整项目,则应纳税所得额为 1 800 万元。

应交所得税＝所得税费用＝1 800×25％＝450（万元）

净利润＝1 800－450＝1 350（万元）

提取的法定盈余公积＝（1 350－150）×10％＝120（万元）

期末未分配利润＝（1 350－150）－120－600＝480（万元）

（2）借：所得税费用　　　　　　　　　　　　450

　　　贷：应交税费——应交所得税　　　　　　　　450

　　借：主营业务收入　　　　　　　　　　　6 000

　　　其他业务收入　　　　　　　　　　　　600

　　　投资收益　　　　　　　　　　　　　　450

　　　营业外收入　　　　　　　　　　　　　330

　　　公允价值变动损益　　　　　　　　　　114

　　　贷：本年利润　　　　　　　　　　　　　7 494

　　借：本年利润　　　　　　　　　　　　6 144

　　　贷：主营业务成本　　　　　　　　　　　4 200

　　　营业税金及附加　　　　　　　　　　　150

　　　其他业务成本　　　　　　　　　　　　360

　　　管理费用　　　　　　　　　　　　　　486

　　　销售费用　　　　　　　　　　　　　　210

　　　财务费用　　　　　　　　　　　　　　60

　　　营业外支出　　　　　　　　　　　　　150

　　　资产减值损失　　　　　　　　　　　　78

　　　所得税费用　　　　　　　　　　　　　450

　　借：本年利润　　　　　　　　　　　　1 350

　　　贷：利润分配——未分配利润　　　　　　1 350

　　借：利润分配——提取法定盈余公积　　　120

　　　　　　　——应付普通股股利　　　　600

　　　贷：盈余公积　　　　　　　　　　　　　120

　　　应付股利　　　　　　　　　　　　　　600

　　借：利润分配——未分配利润　　　　　　720

　　　贷：利润分配——提取法定盈余公积　　　120

　　　　　　　——应付普通股股利　　　　600

3.（1）红星企业代销业务的会计分录。

① 交付代销商品时：

借：委托代销商品   600 000

 贷：库存商品   600 000

② 收到代销清单时：

借：应收账款   655 800

 贷：主营业务收入   560 000

  应交税费——应交增值税（销项税额） 95 800

借：主营业务成本   420 000

 贷：委托代销商品   420 000

借：销售费用   56 000

 贷：应收账款   56 000

③ 收到货款时：

借：银行存款   599 800

 贷：应收账款   599 800

（2）胜利企业代销业务的会计分录。

① 收到代销商品时：

借：受托代销商品   800 000

 贷：代销商品款   800 000

② 实际销售时：

借：银行存款   655 800

 贷：应付账款   560 000

  应交税费——应交增值税（销项税额） 95 800

借：代销商品款   560 000

 贷：受托代销商品   560 000

借：应交税费——应交增值税（进项税额） 95 800

 贷：应付账款   95 800

③ 计算代销手续费收入时：

借：应付账款　　　　　　　　　　　　　　56 000
　　贷：主营业务收入（或其他业务收入）　　　　56 000

④ 归还贷款时：

借：应付账款　　　　　　　　　　　　　599 800
　　贷：银行存款　　　　　　　　　　　　　599 800

4.（1）让渡专利权的使用权。

① 收到使用费，取得收入：

借：银行存款　　　　　　　　　　　　　　80
　　贷：其他业务收入　　　　　　　　　　　　80

② 摊销专利权：

借：其他业务成本　　　　　　　　　　　　12
　　贷：累计摊销　　　　　　　　　　　　　12

一次性收取使用费，且不提供后续服务的，应视同销售该资产，一次性确认收入。

（2）让渡非专利技术的使用权。

① 收到使用费：

借：银行存款　　　　　　　　　　　　　　72
　　贷：预收账款　　　　　　　　　　　　　72

② 确认 2006 年收入：

借：预收账款　　　　　　　　　　　　　　36
　　贷：其他业务收入　　　　　　　　　　　36

③ 摊销非专利技术：

借：其他业务成本　　　　　　　　　　　　12
　　贷：累计摊销　　　　　　　　　　　　　12

一次性收取使用费，提供后续服务的，应在合同有效期内分期确认收入。本例按两年平均确认收入。

（3）让渡商标权的使用权。

① 收到使用费，并确认收入：

借：银行存款   32

 贷：其他业务收入   32

② 摊销商标权：

借：其他业务成本   4

 贷：累计摊销   4

五、综合题

1.

（1）因购置环保型公交运营汽车而取得的政府补助。这是与资产相关的政府补助。

① 取得政府补助时：

借：银行存款   240

 贷：递延收益   240

② 1 月末及以后各月末分配递延收益时：

借：递延收益   4

 贷：营业外收入   4

（2）取得油价补贴。这是与收益相关的政府补助。

① 自 2007 年第一季度各月月末，计算确定当月应取得的油价补贴时：

借：其他应收款   30

 贷：营业外收入   30

其他各月的会计分录相同。

② 2007 年第一季度末，收到政府拨付的补贴时：

借：银行存款 90

　贷：其他应收款 90

如果政府根据公交公司每季度初实际运营的汽车数量拨付当季度各月的政府补助金额，则该公交公司可以在每季度的开始计算确定当季应取得的政府补助，其会计分录如下：

③ 每季度初计算当季应取得的政府补助时：

借：其他应收款 90

　贷：递延收益 90

每月月末分配递延收益：

借：递延收益 30

　贷：营业外收入 30

④ 每季度末实际收到政府拨付的补助时：

借：银行存款 90

　贷：其他应收款 90

（3）取得远郊线路运营补贴。这是与收益相关的政府补助。

① 月初收到本季度运营补贴时：

借：银行存款 450

　贷：递延收益 450

② 每月月末分配递延收益时：

借：递延收益 150

　贷：营业外收入 150

（4）实际收到先征后返的所得税时。这是与收益相关的政府补助。

借：银行存款 320

　贷：营业外收入 320

（5）提前处置环保型公交运营汽车。

已经分配的递延收益＝4×52＝208(万元)

尚未分配的递延收益＝240－208＝32(万元)

尚未分配的递延收益余额应当一次性转让资产处置当期的营业外收入，不再予以递延。所以应编制的会计分录如下：

借：递延收益   32

 贷：营业外收入   32

2.

(1) 2 日发运商品时。

借：应收账款   24.0

 贷：主营业务收入   20.0

  应交税费——应交增值税(销项税额) 3.4

  银行存款   0.6

借：主营业务成本   14

 贷：库存商品   14

10 日开出商业汇票时：

借：应收票据   24

 贷：应收账款   24

(2) 将 XY 商品销售给丙企业。

借：应收账款   42.12

 贷：主营业务收入   36.00

  应交税费——应交增值税(销项税额) 6.12

借：主营业务成本   28

 贷：库存商品   28

借：银行存款   41.40

  财务费用   0.72

 贷：应收账款   42.12

（3）发出委托代销商品（收取手续费方式）。

借：委托代销商品 16

贷：库存商品 16

（4）用预收款方式销售商品。

借：预收账款 93.6

贷：主营业务收入 80.0

应交税费——应交增值税（销项税额） 13.6

借：主营业务成本 64

贷：库存商品 64

借：银行存款 33.6

贷：预收账款 33.6

（5）发生销售折让。

借：主营业务收入 3.00

应交税费——应交增值税（销项税额） 0.51

贷：应收账款 3.51

借：银行存款 31.59

贷：应收账款 31.59

（6）发生销售退回。

借：主营业务收入 24.00

应交税费——应交增值税（销项税额） 4.08

贷：应付账款 27.60

财务费用 0.48

借：库存商品 17

贷：主营业务成本 17

借：应付账款 27.6

贷：银行存款 27.6

（7）收到代销清单。

借：应收账款 14.04

 贷：主营业务收入 12.00

  应交税费——应交增值税（销项税额） 2.04

借：主营业务成本 8

 贷：委托代销商品 8

借：销售费用 1.2

 贷：应收账款 1.2

（8）收到代销商品款。

借：银行存款 12.84

 贷：应收账款 12.84

（9）发运商品给 D 企业，尚未办妥托收手续。

借：发出商品 26

 贷：库存商品 26

第十六章　财务报表列报

一、单项选择题

1. 某企业"应付账款"账户期末余额 600 万元,其中明细账户借方余额 76 万元,贷方余额 676 万元。"预付账款"账户期末余额 120 万元,其中明细账户借方余额 152 万元,贷方余额 32 万元。则该企业资产负债表"应付账款"项目应填列的金额是(　　)万元。

  A. 600　　　　　　　　　　B. 676

  C. 708　　　　　　　　　　D. 720

2. 编制月度资产负债表时,其"未分配利润"项目应根据(　　)的余额计算填列。

  A. "本年利润"账户和"利润分配"账户

  B. "本年利润"账户

  C. 各损益类账户

  D. "利润分配"账户

3. 下列各项中,应填列在企业资产负债表中的流动资产项目下的是(　　)。

  A. 工程物资

  B. 长期股权投资

  C. 将于一年内到期的三年期债权性投资

  D. 开发支出

4. 下列各项中,不属于中期财务报表的是(　　)。

  A. 月度财务报表　　　　　B. 季度财务报表

  C. 半年度财务报表　　　　D. 年度财务报表

5. 某企业在资产负债表日部分总账、明细账的余额或发生额如下："短期借款"账户贷方余额 430 万元；"应付票据"账户贷方余额 175 万元；"应付账款"总账账户贷方余额 360 万元,其中所属明细账户借方余额合计 115 万元,所属明细账户贷方余额合计 475 万元；"预付账款"总账账户借方余额 185 万元,其中所属明细账户借方余额合计 265 万元,所属明细账户贷方余额合计 80 万元；"应付职工薪酬"账户借方余额 110 万元；"应交税费"账户借方余额 70 万元；"应付利息"账户贷方余额 60 万元；"长期借款"账户贷方余额 1 150 万元,其中将于一年内到期,且不能自主地将清偿义务展期的长期借款 300 万元。无其他与流动负债相关的事项。则该企业资产负债表日"流动负债合计"项目的金额是( )万元。

    A. 1 700   B. 1 145

    C. 1 340   D. 1 520

6. 某企业当期"主营业务收入"账户贷方发生额为 1 000 万元,借方记录有销售退回 50 万元,销售折让 25 万元。其他业务收入 100 万元,其他业务成本 60 万元,则该企业利润表"营业收入"项目应填列的数额是( )万元。

    A. 1 040   B. 1 100

    C. 925   D. 1 025

7. 下列各项中,应根据几个总账账户的余额计算填列的资产负债表项目是( )。

    A. 交易性金融资产   B. 短期借款

    C. 应付职工薪酬   D. 货币资金

8. 下列各项活动中,不属于投资活动的是( )。

    A. 取得投资   B. 收回投资

    C. 购建固定资产   D. 发行股票等吸收投资

9. 某企业资产负债表日部分总账账户余额如下："固定资产"账户借方余额 1 360 万元,"在建工程"账户借方余额 640 万元,"工程物资"

账户借方余额 120 万元,"固定资产减值准备"账户贷方余额 56 万元, "固定资产清理"账户贷方余额 30 万元,"累计折旧"账户贷方余额 248 万元。则该企业资产负债表"固定资产"项目应填列(　　)万元。

　　A. 1 026　　　　　　　　　　B. 1 816

　　C. 1 086　　　　　　　　　　D. 1 056

　　10. 某企业资产负债表日部分总账账户余额如下:"无形资产"账户借方余额 156 万元,"研发支出(资本化支出)"账户借方余额 30 万元,"累计摊销"账户贷方余额 42 万元,"无形资产减值准备"账户贷方余额 14 万元,则该企业资产负债表"无形资产"项目应填列(　　)万元。

　　A. 130　　　　　　　　　　　B. 100

　　C. 156　　　　　　　　　　　D. 142

　　11. 在已计提固定资产减值准备的情况下,资产负债表"固定资产"项目应根据(　　)填列。

　　A. "固定资产"账户期末余额

　　B. "固定资产"账户期末余额减去"累计折旧"、"固定资产减值准备"账户余额加或减去"固定资产清理"账户余额后的净额

　　C. "固定资产"账户期末余额减去"固定资产减值准备"账户余额后的净额

　　D. "固定资产"账户期末余额减去"累计折旧"、"固定资产减值准备"账户余额后的净额

　　12. 在已计提无形资产减值准备的情况下,资产负债表"无形资产"项目应根据(　　)填列。

　　A. "无形资产"账户期末余额

　　B. "无形资产"账户期末余额减去"累计摊销"账户余额后的净额

　　C. "无形资产"账户期末余额减去"无形资产减值准备"账户余额后的净额

D. "无形资产"账户期末余额减去"累计摊销"、"无形资产减值准备"账户余额后的净额

13. 某企业出售一栋房产,原价为 500 万元,累计折旧为 100 万元,固定资产减值准备 25 万元,实际售得 750 万元,以银行存款方式收回,同时支付相关清理费用 5 万元,则在本期的现金流量表中,投资活动中"处置固定资产收到的现金净额"应填列( )万元。

    A. 750   B. 745

    C. 730   D. 370

14. 甲公司 2008 年度发生的管理费用 8 800 万元,其中:以现金支付退休职工统筹退休金 1 400 万元和管理人员工资 3 800 万元,存货盘亏损失 100 万元,计提固定资产折旧 1 680 万元,无形资产摊销 1 400 万元,其余均以现金支付。假定不考虑其他因素,甲公司 2008 年度现金流量表中"支付的其他与经营活动有关的现金"项目的金额为( )万元。

    A. 420   B. 1 820

    C. 1 900   D. 2 700

15. 甲公司的主营业务是销售商品,其他业务是提供运输劳务,当年利润表中"主营业务收入"为 4 500 万元,销项税发生额为 765 万元,其他业务收入 650 万元。资产负债表中"应收账款"年初数为 700 万元,年末数为 660 万元,"应收票据"年初数为 120 万元,年末数为 150 万元,"预收账款"年初数为 89 万元,年末数为 66 万元。本年不带息应收票据贴现 400 万元,贴现息为 5 万元,坏账准备的年初余额为 35 万元,年末余额为 72 万元,本年收回上年的坏账 4 万元。根据以上资料,本期现金流量表中的"销售商品、提供劳务收到的现金"项目填列的金额是( )万元。

    A. 5 784   B. 4 790

    C. 5 864   D. 5 809

16. 某企业 2008 年主营业务成本 600 万元,进项税额 80 万元,应付账款期初余额 200 万元,期末余额 19 万元,预付账款期初 18 万元,

期末余额 16 万元,存货期初余额 200 万元,期末余额 160 万元,本期计入制造费用工资 60 万元,计入生产成本工资 100 万元,本期计入制造费用的折旧 100 万元,计算现金流量表"购买商品、接受劳务而支付现金"的金额为(　　)万元。

    A. 480　　　　　　　　　B. 379

    C. 580　　　　　　　　　D. 680

17. 甲企业本期支付离退休人员工资 30 万元,支付离退休人员活动费 5 万元,支付在建工程人员工资 6 万元;支付广告费 200 万元,支付生产车间经营租金 25 万元,支付本企业财产保险费 60 万元;支付业务招待费 2 万元;执行法院判决,支付购买商品的欠款 500 万元,支付合同违约金 8 万元;发生坏账 10 万元;支付利息 56 万元;支付购买股票款 90 万元。上述支出中,现金流量表"支付的其他与经营活动有关的现金"项目列示的金额是(　　)万元。

    A. 330　　　　　　　　　B. 830

    C. 305　　　　　　　　　D. 130

18. 企业购买股票所支付价款中包含的已宣告但尚未领取的现金股利,在现金流量表中应计入的项目是(　　)。

    A. 投资所支付的现金

    B. 支付的其他与经营活动有关的现金

    C. 支付的其他与投资活动有关的现金

    D. 分配股利、利润或偿付利息所支付的现金

19. 在采用间接法将净利润调节为经营活动产生的现金净流量时,下列各调整项目中,属于调增项目的是(　　)。

    A. 投资收益　　　　　　　B. 待摊费用的减少

    C. 预提费用的减少　　　　D. 经营性应付项目的减少

20. 某企业本期购置固定资产支付现金 50 万元,支付固定资产专门借款利息 8 万元,全部为资本化的借款利息,支付在建工程人员的工资 2 万元,支付耕地占用税 10 万元,支付以前年度以分期付款方式购

买固定资产的最后一期付款,金额 15 万元。该企业本期编制现金流量表时,登记在"购建固定资产、无形资产和其他长期资产所支付的现金"的金额是( )万元。

    A. 620   B. 60

    C. 77   D. 75

21. "应收账款"总账账户期末借方余额为 200 万元,所属两个明细账户余额情况是:"应收账款——甲单位"期末借方余额 250 万元;"应收账款——乙单位"期末贷方余额 50 万元,则"资产负债表"中"应收账款"项目的数额是( )万元。

    A. 200   B. 250

    C. 50   D. 150

22. 甲公司 2007 年年初发行在外的普通股 1 000 000 股,3 月 2 日新发行 450 000 股,12 月 1 日回购 150 000 股,以备将来奖励职工,当年甲公司实现净利润 500 万元,则基本每股收益为( )元。

    A. 5   B. 4.21

    C. 3.67   D. 3.65

二、多项选择题

1. 下列各项中,应通过资产负债表"存货"项目反映的有( )。

    A. "周转材料"账户的期末余额

    B. "委托加工物资"账户的期末余额

    C. "存货跌价准备"账户的期末余额

    D. "材料成本差异"账户的期末借方余额

2. 下列各项中,应在资产负债表"预收账款"项目反映的有( )。

    A. "应付账款"账户所属各明细账户的期末贷方余额

    B. "预付账款"账户所属各明细账户的期末贷方余额

    C. "预收账款"账户所属各明细账户的期末贷方余额

    D. "应收账款"账户所属各明细账户的期末贷方余额

3. 下列各项中,影响利润表"营业收入"项目金额的有(   )。

    A. "主营业务收入"账户贷方发生额

    B. "主营业务收入"账户借方发生额

    C. 记入"主营业务收入"账户借方的销售折让和销售退回

    D. "其他业务收入"账户贷方发生额

4. 下列各项中,属于会计报表的有(   )。

    A. 资产负债表   B. 附注

    C. 利润表   D. 现金流量表

5. 下列各项中,影响资产负债表"在建工程"项目金额的有(   )。

    A. 交付安装的设备价值   B. 计提在建工程减值准备

    C. 预付出包工程的价款   D. 购买工程物资备用

6. 下列各项中,应通过资产负债表"应收账款"项目反映的有(   )。

    A. "应收账款"账户所属明细账户的期末借方余额

    B. "预收账款"账户所属明细账户的期末借方余额

    C. "坏账准备"账户中有关应收账款计提的坏账准备期末余额

    D. "坏账准备"账户期末余额

7. 下列各项中,应直接根据有关总账账户的余额填列资产负债表项目的有(   )。

    A. 交易性金融资产   B. 应付票据

    C. 应付账款   D. 货币资金

8. 下列各项中,应根据有关账户余额减去其备抵账户余额后的净额填列资产负债表项目的有(   )。

    A. 固定资产   B. 交易性金融资产

    C. 长期股权投资   D. 无形资产

9. 下列各项中,应在利润表"营业税金及附加"项目反映的有(   )。

    A. 消费税   B. 增值税

C. 资源税　　　　　　　　　D. 教育费附加

10. 某兼营商业的工业企业在填列资产负债表"存货"项目时,若存在下列账户的期末余额,则应从"原材料"、"生产成本"、"受托代销商品"等账户的期末余额的合计数中减去的数额有(　　　)。

A. "代销商品款"账户的贷方余额

B. "材料成本差异"账户的借方余额

C. "存货跌价准备"账户的贷方余额

D. "商品进销差价"账户的贷方余额

11. 下列各项中,现金等价物的特征包括(　　　)。

A. 期限短

B. 流动性强

C. 易于转换为已知金额的现金

D. 价值变动风险很小

12. 下列各项中,属于现金流量表中"现金及现金等价物"的有(　　　)。

A. 三个月内到期的短期债券投资

B. 库存现金

C. 定期存款

D. 其他货币资金

13. 下列各项中,属于"固定资产"账户的备抵账户的有(　　　)。

A. 累计折旧　　　　　　　　B. 固定资产清理

C. 固定资产减值准备　　　　D. 在建工程

14. 下列各项中,应通过当期利润表"资产减值损失"项目反映的有(　　　)。

A. 应收款项减值损失　　　　B. 公允价值变动损失

C. 无形资产减值损失　　　　D. 投资损失

15. 下列各项中,应记入"支付的其他与经营活动有关的现金"项目的有(　　　)。

A. 罚款支出　　　　　　　B. 差旅费的支付

C. 业务招待费的支付　　　D. 保险费的支付

16. 下列各项中,计入"支付的税费"项目的有(　　　)。

A. 本期支付的教育费附加　B. 本期支付的矿产资源补偿费

C. 支付的耕地占用税　　　D. 支付的土地增值税

17. 下列各项中,应计入"购建固定资产所支付的现金"项目的有(　　　)。

A. 购建固定资产所支付的所有税金

B. 购建固定资产所支付的价款

C. 支付的应计入固定资产价值的利息部分

D. 融资租入固定资产而支付的租赁费

18. 下列各项中,属于投资活动产生的现金流量的有(　　　)。

A. 为购建固定资产支付的耕地占用税

B. 为购建固定资产支付的已资本化的利息费用

C. 因火灾造成固定资产损失而收到的保险赔款

D. 最后一次支付分期付款购入固定资产的价款

19. 下列各项中,应计入现金流量表中"偿还债务所支付的现金"项目的有(　　　)。

A. 偿还银行借款的本金　　B. 偿还银行借款的利息

C. 偿还企业债券的本金　　D. 偿还企业债券的利息

20. 下列各项中,属于筹资活动产生的现金流量的有(　　　)。

A. 支付的现金股利　　　　B. 取得的短期借款

C. 增发股票收到的现金　　D. 偿还公司债券支付的现金

三、判断题

1. 企业接受投资者用固定资产进行的投资属于投资活动。(　　　)

2. 企业在填列资产负债表"长期借款"项目时,凡是自资产负债表日起一年内到期的长期借款都应该从"长期借款"账户余额中减去,并

按减去后的金额填列"长期借款"项目。 （ ）

3. 企业利润表"本年金额"栏内各项数字,都应当按照相关账户的发生额分析填列。 （ ）

4. 企业会计期末未弥补亏损,应在资产负债表中另列"未弥补亏损"项目反映。 （ ）

5. 财务报表除了包括会计报表外还应当包括会计报表附注。（ ）

6. 资产负债表"其他应收款"项目应根据"其他应收款"账户期末余额,减去"坏账准备"账户期末余额后的金额填列。 （ ）

7. 资产负债表中"交易性金融资产"项目的金额与"交易性金融资产"账户的借方余额应该相等。 （ ）

8. 财务会计报告是指企业对外提供的反映企业某一会计期间的财务状况、经营成果、现金流量等会计信息的文件。 （ ）

9. 在固定资产和无形资产因发生减值而计提了减值准备的情况下,资产负债表中以上两个项目的金额应按各自账户的期末余额抵减各该减值准备及相关的备抵账户余额后的净额填列。 （ ）

10. 所有者权益变动表是财务报表的组成部分,是会计报表附注的主要内容之一。 （ ）

11. 资产负债表"长期借款"项目应根据"长期借款"账户期末余额填列。 （ ）

12. 发放给职工的工资应计入经营活动中的"支付给职工以及为职工支付的现金"项目。 （ ）

13. 股份有限公司在对外提供财务会计报告时,对于报告期末盘亏的存货,如未得到批准,可不作账务处理。 （ ）

14. 代理业务资产虽然在企业账上视同一项存货来反映,但因其产权不属于企业,所以,在列示资产负债表的存货项目时,与"代理业务负债"相抵后列示,实质上是不计入存货项目的。 （ ）

15. 在现金流量表中,如果本期有购货退回的,其实际收到的现金应当在销售商品收到的现金中反映。 （ ）

四、计算分析题

1. 甲企业为增值税一般纳税企业。2008 年,该企业资产负债表年初数如下:

资 产 负 债 表

2008 年 12 月 31 日　　　　　　　　　单位:万元

资　　　产	金　额	负债及所有者权益	金　额
流动资产:		流动负债:	
货币资金	560	短期借款	400
交易性金融资产	920	应付账款	1 220
应收账款	1 140	预收款项	140
预付款项	80	应付职工薪酬	760
其他应收款	152	应交税费	76
存货	3 000	流动负债合计	2 596
流动资产合计	5 852	非流动负债:	
非流动资产:		长期借款	2 000
长期股权投资	1 720	应付债券	1 458
固定资产	11 950	递延所得税负债	142
在建工程	1 040	非流动负债合计	3 600
无形资产	460	负债合计	6 196
开发支出	78	所有者权益:	
递延所得税资产	172	实收资本(或股本)	10 000
非流动资产合计	15 420	资本公积	2 560
		盈余公积	1 720
		未分配利润	796
		所有者权益合计	15 036
资　产　总　计	21 272	负债及所有者权益总计	21 272

注:
① 应收账款余额 1 200 万元,计提坏账准备 60 万元,其他应收款余额 160 万元,计提坏账准备 8 万元。
② 未计提存货跌价准备。
③ "固定资产"账户余额 15 836 万元,计提的累计折旧 3 350 万元,累计计提的固定资产减值准备 536 万元。
④ "无形资产"科目余额 756 万元,无形资产的累计摊销 164 万元,累计计提的无形资产减值准备 52 万元。
⑤ 应付职工薪酬和应交税费的余额均与在建工程无关。
⑥ "应交税费——应交增值税"和"应交税费——未交增值税"明细账户均无期初余额。
⑦ 在建工程为一厂房工程,在 2008 年继续建造,2008 年没有新的工程上马。
⑧ 长期股权投资未计提减值准备。

该企业 2008 年发生的经济业务如下：

（1）购入原材料若干批，价款 10 000 万元，增值税额 1 700 万元，已通过银行支付 10 540 万元，其余款项暂时未付，材料均已验收入库。上期应付账款 1 220 万元已于本期通过银行全部支付。

（2）采用预付款方式购入材料一批，价款 2 000 万元，增值税额 340 万元，该批材料已于 2007 年预付了 80 万元，本期通过银行补付 2 260 万元，材料均已验收入库。本期又通过银行预付货款 250 万元。

（3）生产领用材料 12 400 万元，分配生产工人薪酬 4 560 万元，分配车间管理人员薪酬 114 万元，计提机器设备及厂房折旧费 900 万元，以银行存款支付其他制造费用 426 万元。

（4）产品全部完工并验收入库。

（5）销售产品若干批，价款 20 000 万元，增值税额 3 400 万元，已通过银行收取 20 400 万元，其余款项暂欠，已销商品的实际成本 13 600 万元。本期通过银行收取前期应收账款 1 200 万元。

（6）采取预收款方式销售商品 6 400 万元，增值税额 1 088 万元，本期通过银行收取购货方补付的货款 7 348 万元，该批已销商品的实际成本 4 800 万元。本期又通过银行预收货款 694 万元。

（7）分配行政管理人员薪酬 228 万元，计提管理用固定资产折旧费 120 万元，摊销无形资产 160 万元，以银行存款支付其他管理费用 1 600 万元。

（8）偿还短期借款 300 万元，借入短期借款 200 万元，借入长期借款 600 万元。

（9）从二级市场购入 A 公司股票 200 万股作为长期投资，A 公司股票市价 4 元/股，购买时含 0.2 元/股已宣告发放但尚未支付的现金股利，另支付其他相关税费 20 万元。已宣告发放但尚未支付的现金股利已于当年收存银行。该项投资对被投资单位有重大影响。

（10）预提并支付短期借款利息 12 万元，按合同利率计提长期借款利息 120 万元，其中按规定应予资本化的利息 100 万元。

（11）分配在建工程人员薪酬 912 万元，以银行存款支付其他工程支出 468.8 万元。

（12）出售交易性金融资产取得的收入净额 600 万元，其成本 540 万元，款项已收存银行。此项交易性金融资产为公司债券投资。出售时未发生公允价值变动损益。

（13）在建的厂房工程达到预定可使用状态，计算在建工程的实际成本将其转入"固定资产"账户。

（14）甲企业拥有 A 公司有表决权资本的 40%，A 公司 2008 年度实现净利润 1 600 万元，A 公司所得税税率为 25%，A 公司宣告发放 800 万元现金股利，已宣告分配的现金股利当年尚未发放。

（15）以银行存款支付各项销售费用 1 118 万元。

（16）以银行存款支付结算手续费等应计入财务费用的各项手续费 4 万元。

（17）计算主营业务应交的城建税 170 万元，教育费附加 72 万元。

（18）以银行存款交纳增值税 2 428 万元，城市维护建设税 160 万元，教育费附加 64 万元，并将应交未交增值税转入"应交税费——未交增值税"明细账户。

（19）以银行存款支付职工薪酬 5 181.2 万元。

（20）根据应收账款期末余额和规定的比例及坏账准备期初余额计算应补提坏账准备 20 万元。

（21）当期获得现金捐赠 64 万元，款项已存入银行。当期发生罚款支出 40 万元，款项已通过银行支付。

（22）假设本例中应交所得税 1 702 万元，递延所得税资产年末数 64 万元；递延所得税负债年末数 218 万元。

（23）除上述业务以外，不存在其他纳税调整事项，计算应交所得税，以银行存款交纳所得税 1 500 万元。

（24）结转各损益类账户余额。

（25）结转本年利润账户余额。

(26) 不分配利润,假定不存在其他经济业务事项,无一年内到期的长期借款和应付债券。

要求:

(1) 编制上述经济业务的会计分录(单位:万元)。

(2) 填列 2008 年资产负债表的年末余额。

2. 某企业 2008 年除"所得税费用"账户外的其他损益类账户在结转至"本年利润"账户前的全年发生额如下:

会 计 账 户	借 方 发生额	贷 方 发生额	备　　　　注
主营业务收入	76	5 672	借方发生额中 60 万元为销售退回的数额,其余为销售折让的数额
主营业务成本	3 960	40	贷方发生额中的 40 万元为销售退回冲减的数额
营业税金及附加	366		
其他业务收入		152	
其他业务成本	102		
销售费用	304		
管理费用	338		
财务费用	32		
投资收益	124	436	贷方发生额中有 240 万元为长期股权投资,在权益法下期末对被投资单位当年实现的净利润按投资比例计算的应享有的数额,投资与被投资单位的税率为 25%
资产减值损失	128	34	
公允价值变动损益	90	46	
营业外收入		100	
营业外支出	180		其中 60 万元为罚款支出,其余为非流动资产处置损失

注:假设本例中应交所得税 240 万元,递延所得税资产年初数 130 万元,年末数 174 万元;递延所得税负债年初数 48 万元,年末数 146 万元。

要求：

（1）计算营业收入、营业成本、投资净收益（或净损失）、公允价值变动净收益（或净损失）、营业利润、利润总额、递延所得税费用、递延所得税收益、所得税费用和净利润。

（2）编制将各损益类账户余额结转至"本年利润"账户的会计分录。

（3）编制将当期实现的净利润结转至"利润分配"账户的会计分录。

（4）编制 2008 年度利润表。

3. 某商业企业为增值税一般纳税企业，2006 年有关资料如下：

（1）资产负债表有关账户年初、年末余额和部分账户发生额如下（单位：万元）：

账　户　名　称	年初余额	本年增加	本年减少	本年余额
应收账款	4 680			9 360
应收票据	1 170			702
交易性金融资产（假定 2008 年未发生公允价值波动）	600		100（出售）	500
应收股利	40	20		10
存货	5 000			4 800
长期股权投资	1 000	200（以无形资产对外投资）		1 200
应付账款	3 510			4 680
应交增值税	500	1 020（销项税额）	616（已交） 544（进项税额）	360
应交所得税	60	200		80
短期借款	1 200	600		1 400

（2）利润表有关账户本年发生额如下（单位：万元）：

账 户 名 称	借方发生额	贷方发生额
主营业务收入		6 000
主营业务成本	3 400	
投资收益：		
现金股利		20
出售交易性金融资产		40

（3）其他有关资料如下：交易性金融资产均为非现金等价物；出售交易性金融资产已收到现金；应收、应付款项均以现金结算；应收账款变动数中含有本期计提的坏账准备 200 万元；不考虑该企业本年度发生的其他交易或事项。

要求：计算以下现金流入和流出（要求列出计算过程）。

（1）销售商品、提供劳务收到的现金（含收到的增值税销项税额）。

（2）购买商品、接受劳务支付的现金（含支付增值税进项税额）。

（3）支付的各项税费。

（4）收回投资所收到的现金。

（5）分得股利或利润所收到的现金。

（6）借款所收到的现金。

（7）偿还债务所支付的现金。

参 考 答 案

一、单项选择题

1. C　2. A　3. C　4. C　5. C　6. D　7. D　8. D　9. D　10. B　11. D　12. D　13. B　14. B　15. C　16. B　17. A　18. C　19. B　20. A　21. B　22. C

二、多项选择题

1. ABCD　2. CD　3. ACD　4. ACD　5. ABC　6. ABC
7. AB　8. ACD　9. ACD　10. ACD　11. ABCD　12. ABD
13. AC　14. AC　15. ABCD　16. ABD　17. AB　18. AC
19. AC　20. ABCD

三、判断题

1. ×　2. ×　3. ×　4. ×　5. √　6. ×　7. √　8. ×
9. √　10. ×　11. ×　12. ×　13. ×　14. √　15. ×

四、计算分析题

1.（1）编制会计分录。

1）购买原材料、原材料验收入库同时支付部分货款：

借：原材料	10 000
应交税费——应交增值税（进项税额）	1 700
贷：银行存款	10 540
应付账款	1 160

偿还前期应付账款：

借：应付账款	1 220
贷：银行存款	1 220

2）采用预付款方式购入原材料并验收入库：

材料验收入库时：

借：原材料	2 000
应交税费——应交增值税（进项税额）	340
贷：预付账款	2 340

补付货款时：

| 借：预付账款 | 2 260 |
| 贷：银行存款 | 2 260 |

预付货款：

| 借：预付账款 | 250 |
| 贷：银行存款 | 250 |

3）发生各项生产耗费：

分配职工薪酬和原材料耗费计入生产成本：

借：生产成本	16 960
贷：原材料	12 400
应付职工薪酬	4 560

分配职工薪酬、固定资产折旧及其他耗费计入制造费用：

借：制造费用	1 440
贷：应付职工薪酬	114
银行存款	426
累计折旧	900

分配制造费用：

| 借：生产成本 | 1 440 |
| 贷：制造费用 | 1 440 |

4）产成品入库：

| 借：库存商品 | 18 400 |
| 贷：生产成本 | 18 400 |

5）采用一般销售方式销售商品：

确认收入、收取货款：

借：银行存款	20 040
应收账款	3 360
贷：主营业务收入	20 000
应交税费——应交增值税（销项税额）	3 400

结转已销商品成本：

借：主营业务成本　　　　　　　　　　　　　　　13 600

　　贷：库存商品　　　　　　　　　　　　　　　　　　13 600

收取前期应收账款：

借，银行存款　　　　　　　　　　　　　　　　　1 200

　　贷：应收账款　　　　　　　　　　　　　　　　　　1 200

6）采取预收款方式销售商品：

发出商品时：

借：预收账款　　　　　　　　　　　　　　　　　7 488

　　贷：主营业务收入　　　　　　　　　　　　　　　　6 400

　　　　应交税费——应交增值税（销项税额）　　　　　1 088

结转已销商品成本：

借：主营业务成本　　　　　　　　　　　　　　　4 800

　　贷：库存商品　　　　　　　　　　　　　　　　　　4 800

通过银行收取购货方补付的货款：

借：银行存款　　　　　　　　　　　　　　　　　7 348

　　贷：预收账款　　　　　　　　　　　　　　　　　　7 348

预收货款：

借：银行存款　　　　　　　　　　　　　　　　　694

　　贷：预收账款　　　　　　　　　　　　　　　　　　694

7）发生各项管理费用：

借：管理费用　　　　　　　　　　　　　　　　　2 108

　　贷：应付职工薪酬　　　　　　　　　　　　　　　　228

　　　　累计折旧　　　　　　　　　　　　　　　　　　120

　　　　累计摊销　　　　　　　　　　　　　　　　　　160

　　　　银行存款　　　　　　　　　　　　　　　　　　1 600

8）取得和偿还借款：

偿还短期借款：

借：短期借款   300

 贷：银行存款   300

取得短期借款：

借：银行存款   300

 贷：短期借款   300

取得长期借款：

借：银行存款   600

 贷：长期借款   600

9）长期股权投资：

取得时：

借：长期股权投资   780

  应收股利   40

 贷：银行存款   820

收到现金股利时：

借：银行存款   40

 贷：应收股利   40

10）计提利息：

按合同利率计算短期借款利息：

借：财务费用   12

 贷：应付利息   12

支付短期借款利息：

借：应付利息   12

 贷：银行存款   12

按合同利率计算长期借款利息：

借：在建工程　　　　　　　　　　　　　　　　100

　　　财务费用　　　　　　　　　　　　　　　20

　　贷：应付利息　　　　　　　　　　　　　　120

11）在建工程发生各项耗费：

借：在建工程　　　　　　　　　　　　　　　560.0

　　贷：应付职工薪酬　　　　　　　　　　　　91.0

　　　银行存款　　　　　　　　　　　　　　468.8

12）出售交易性金融资产：

借：银行存款　　　　　　　　　　　　　　　600

　　贷：交易性金融资产　　　　　　　　　　　540

　　　投资收益　　　　　　　　　　　　　　　60

13）工程完工，已达到预定可使用状态：

借：固定资产　　　　　　　　　　　　　　1 700

　　贷：在建工程　　　　　　　　　　　　　1 700

14）确认投资收益和应收股利：

确认投资收益：

借：长期股权投资　　　　　　　　　　　　　640

　　贷：投资收益　　　　　　　　　　　　　　640

确认应收股利：

借：应收股利　　　　　　　　　　　　　　　320

　　贷：长期股权投资　　　　　　　　　　　　320

15）发生销售费用：

借：销售费用　　　　　　　　　　　　　　1 118

　　贷：银行存款　　　　　　　　　　　　　1 118

16）支付银行结算手续费：

借：财务费用　　　　　　　　　　　　　　　　　　4

　　贷：银行存款　　　　　　　　　　　　　　　　　4

17）营业税金及附加：

借：营业税金及附加　　　　　　　　　　　　　　242

　　贷：应交税费——应交城市维护建设税　　　　170

　　　　　　　　——应交教育费附加　　　　　　72

18）相关税费：

交纳税费：

借：应交税费——应交增值税（已交税金）　　　2 428

　　　　　　——应交城市维护建设税　　　　　160

　　　　　　——应交教育费附加　　　　　　　64

　　贷：银行存款　　　　　　　　　　　　　　2 652

结转未交增值税：

借：应交税费——应交增值税（转出未交增值税）　20

　　贷：应交税费——未交增值税　　　　　　　　20

19）支付职工薪酬：

借：应付职工薪酬　　　　　　　　　　　　　5 181.2

　　贷：银行存款　　　　　　　　　　　　　5 181.2

20）计提坏账准备：

借：资产减值损失　　　　　　　　　　　　　　　20

　　贷：坏账准备　　　　　　　　　　　　　　　20

21）确认捐赠利得和罚款损失：

确认捐赠利得：

借：银行存款　　　　　　　　　　　　　　　　　64

　　贷：营业外收入　　　　　　　　　　　　　　64

确认罚款损失：

借：营业外支出　　　　　　　　　　　　　　　40

　　贷：银行存款　　　　　　　　　　　　　　　40

22) 计算利润和所得税费用等：

$$\begin{aligned}营业\\利润\end{aligned}=\begin{aligned}营业\\收入\end{aligned}-\begin{aligned}营业\\成本\end{aligned}-\begin{aligned}营业税金\\及附加\end{aligned}-\begin{aligned}管理\\费用\end{aligned}-\begin{aligned}销售\\费用\end{aligned}-\begin{aligned}财务\\费用\end{aligned}-\begin{aligned}资产减\\值损失\end{aligned}+\begin{aligned}投资\\净收益\end{aligned}=$$

26 400 10 100 242 - ? 108 - 1 118 - (12 + 20 + 4) - 20 + (640 + 60) =

5 176(万元)

利润总额＝营业利润＋营业外收入－营业外支出＝

　　　　5 176＋64－40＝5 200(万元)

应交所得税＝1 702(万元)

递延所得税费用＝递延所得税负债增加额＋递延所得税资产减少额＝

　　　　　　(10－71)＋(86－32)＝92(万元)

所得税费用＝当期所得税＋递延所得税费用＝1 702＋184＝1 886(万元)

计算应交所得税：

借：所得税费用　　　　　　　　　　　　　　1 886

　　贷：应交税费——应交所得税　　　　　　　1 702

　　　　递延所得税负债　　　　　　　　　　　108

　　　　递延所得税资产　　　　　　　　　　　76

交纳所得税：

借：应交税费——应交所得税　　　　　　　　1 500

　　贷：银行存款　　　　　　　　　　　　　　1 500

结转收益类账户：

借：主营业务收入　　　　　　　　　　　　26 400

　　投资收益　　　　　　　　　　　　　　　700

　　营业外收入　　　　　　　　　　　　　　64

　　贷：本年利润　　　　　　　　　　　　　27 164

结转费用类账户：

借：主营业务成本   18 400

    营业税金及附加   242

    销售费用   1 118

    管理费用   2 108

    财务费用   36

    资产减值损失   20

    营业外支出   40

    所得税费用   1 886

  贷：本年利润   23 850

结转本年利润：

  借：本年利润   3 314

    贷：利润分配——未分配利润   3 314

（2）填列 2008 年资产负债表的年末余额。

2008 年 12 月 31 日   单位：万元

资　　　产	年初余额	年末余额	负债及所有者权益	年初余额	年末余额
流动资产：			流动负债：		
货币资金	560	2 954	短期借款	400	300
交易性金融资产	920	380	应付账款	1 220	1 160
应收账款	1 140	3 280	预收账款	140	694
预付账款	80	250	应付职工薪酬	760	572
应收股利		320	应交税费	76	316
其他应收款	152	152	应付利息	0	120
存货	3 000	2 600	流动负债合计	2 596	3 162
流动资产合计	5 852	9 936	非流动负债：		
非流动资产：			长期借款	2 000	2 600
长期股权投资	1 720	2 820	应付债券	1 458	1 458

（续表）

资　　产	年初余额	年末余额	负债及所有者权益	年初余额	年末余额
固定资产	11 950	12 630	递延所得税负债	142	218
在建工程	1 040	0	非流动负债合计	3 600	4 276
无形资产	160	300	负债合计	6 196	7 438
开发支出	78	78	所有者权益：		
递延所得税资产	172	64	实收资本（或股本）	10 000	10 000
非流动资产合计	154 200	15 892	资本公积	2 560	2 560
			盈余公积	1 720	1 720
			未分配利润	796	4 110
			所有者权益合计	15 036	18 390
资　产　总　计	21 272	25 828	负债及所有者权益总计	21 272	25 828

2.（1）

营业收入＝主营业务收入＋其他业务收入＝（5 672－76）＋152＝5 748（万元）

营业成本＝主营业务成本＋其他业务成本＝（3 960－40）＋102＝4 022（万元）

投资净收益＝436－124＝312（万元）

公允价值变动净收益＝46－90＝－44（万元）

营业利润＝营业收入－营业成本－营业税金及附加－销售费用－管理费用－财务费用－资产减值损失＋公允价值变动收益（－公允价值变动损失）＋投资收益（－投资损失）＝

5 748－4 022－366－304－338－32－（128－34）－44＋312＝

860（万元）

利润总额＝营业利润＋营业外收入－营业外支出＝

860＋100－180＝780（万元）

应交所得税＝240（万元）

递延所得税费用＝递延所得税负债增加额＋递延所得税资产减少额＝

(146－48)＋0＝98(万元)

递延所得税收益＝递延所得税负债减少额＋递延所得税资产增加额＝

0＋(174－130)＝44(万元)

所得税费用＝当期所得税＋递延所得税费用－递延所得税收益＝

240＋98－44＝294(万元)

净利润＝利润总额－所得税＝390－147＝243(万元)

（2）将各损益类账户余额结转至"本年利润"账户。

借：主营业务收入	2 798
其他业务收入	76
投资收益	156
营业外收入	50
贷：本年利润	3 080
借：主营业务成本	1 960
营业税金及附加	183
其他业务成本	51
销售费用	152
管理费用	169
财务费用	16
资产减值损失	47
公允价值变动损益	22
营业外支出	90
所得税费用	147
贷：本年利润	2 837

（3）将当期实现的净利润结转至"利润分配"账户。

借：本年利润	486
贷：利润分配——未分配利润	486

（4）编制 2008 年度利润表

利　润　表

编制单位：　　　　　　　2008 年 12 月　　　　　　　单位：万元

项　　　　　目	本年金额	上期金额
一、营业收入	5 748	
减：营业成本	4 022	
营业税金及附加	366	
销售费用	304	
管理费用	338	
财务费用	32	
资产减值损失	94	
加：公允价值变动收益(损失以"－"号填列)	－44	
投资收益(损失以"－"号填列)	312	
其中：对联营企业和合营企业的投资收益		
二、营业利润(亏损以"－"号填列)	860	
加：营业外收入	100	
减：营业外支出	180	
其中：非流动资产处置损失		
三、利润总额(亏损总额以"－"号填列)	780	
减：所得税费用	294	
四、净利润(净亏损以"－"号填列)	486	
五、每股收益		
(一)基本每股收益		
(二)稀释每股收益		

3.

(1)销售商品、提供劳务收到的现金＝(6 000＋1 020)＋(4 680－9 360)＋

(1 170－702)－200＝2 608(万元)

(2)购买商品、接受劳务支付的现金＝(3 400＋544)＋(480－5 000)＋

(3 510－4 680)＝2 574(万元)

（3）支付的各项税费＝实际交纳的增值税款＋支付的所得税款＝
616＋（60＋200－80）＝796（万元）

（4）收回投资所收到的现金＝40＋100＝140（万元）

（5）分得股利或利润所收到的现金＝40＋20－10＝50（万元）

（6）借款所收到的现金＝600（万元）

（7）偿还债务所支付的现金＝400（万元）